Das große KINDER BASTELBUCH

PAPIER UND PAPPE

Inhalt

Diese Bastelidee ist zeitinteniv.

Du benötigst die Hilfe eines Erwachsenen.

Am schönsten in der Gruppe!

Raus mit dir!

Pass auf deine Kleidung auf!

Schneiden und Kleben

Papier schneiden und kleben

Das solltest du darüber wissen

Bevor es losgeht...

Zu Beginn jeder Bastelarbeit deckst du deinen Arbeitsplatz gut mit Zeitung oder einer Wachstischdecke ab, das hält Farbe und Klebstoff ab.

Lege dir alle Materialien vorher bereit, damit du nicht während des Bastelns alles hervorsuchen musst.

Wenn du bei einem Projekt sehr viel mit Farbe oder Klebstoff arbeitest, sind auch ein altes Hemd oder ein Malerkittel sinnvoll, Klebstoff und Farbe landen häufig da, wo sie nicht hingehören.

Vorlagen übertragen

Für einige Modelle in diesem Buch findest du auf den letzten Seiten Vorlagen. Du kannst sie mit Kohlepapier auf Tonpapier übertragen. Lege dazu das Kohlepapier mit der beschichteten Seite nach unten auf das Tonpapier. Obenauf kommt die Vorlage, die du mit einem Bleistift oder Kugelschreiber nachzeichnest. So drückt sich der Umriss auf das Tonpapier ab und du kannst ihn dann ausschneiden.

Schablonen anfertigen

Schablonen sind nützlich, wenn du ein Motiv mehrmals ausschneiden musst. Du überträgst deine Vorlage einfach auf ein Stück Pappe, anstatt auf das Tonpapier, und schneidest es aus. Die Pappe ist so stabil, dass du dein Motiv immer wieder benutzen kannst.

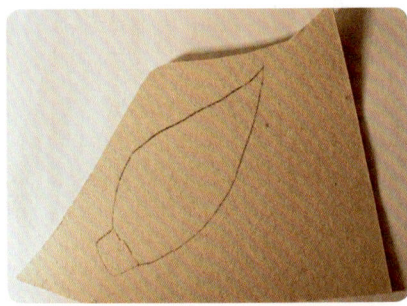

Tipp

Hebe deine Schablone immer auf! Eine Blume z. B. kannst du bestimmt auch für ein anderes Bastelprojekt gebrauchen. Mit einem Vorrat an Schablonen kannst du dir viel Zeit bei deinen Papierprojekten sparen.

Scheren

Für das Schneiden von Papier gibt es
spezielle Scheren. Die normale Bastelschere
kannst du für alle Papiere und Pappen verwenden. Für filigrane Muster eignet sich am
besten eine Silhouettenschere. Sie ist klein,
handlich und vorne spitz, sodass sie sich gut
führen lässt und du mit ihr auch in knifflige
Ecken kommst.
Klebefolien oder Klebeband lassen sich am
einfachsten mit einer beschichteten Teflon-
schere zerschneiden.

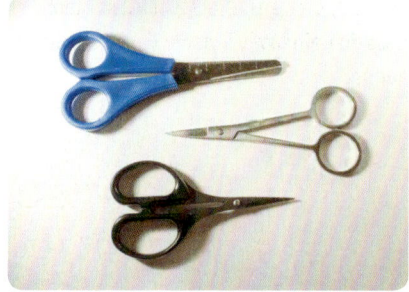

Klebstoff

Zum Kleben von Papier eignet sich der
tropffreie UHU Alleskleber. Er lässt sich
gut handhaben, sodass weniger Klebstoff
daneben geht und er wellt das Papier nicht.
Viele dünne Papiere ziehen sich bei flüssi-
gem Klebstoff zusammen, dadurch lassen
sie sich nicht mehr exakt verkleben und das
Ergebnis sieht weniger schön aus.
Für Kleinteile ist auch doppelseitiges
Klebeband eine gute Lösung. Das gibt es
inzwischen in allen Stärken und auch trans-
parent, dadurch ist es kaum zu sehen und
für alle Flächen gut einsetzbar.

Gesichter gestalten

Um deinen Papierfiguren hübsche Gesichter
zu gestalten, kannst du sie mit Buntstift
schraffieren. Möchtest du z.B. rote Wangen
aufmalen, kratzt du etwas von der Spitze
eines Buntstifts ab und verreibst es mit den
Fingern.
Zum Schattieren oder Umranden nimmst du
einen Buntstift, der etwas dunkler als dein
Tonpapier ist. Setze den Stift am Rand schräg
an und bewege den Stift nach innen, am
Rand drückst du dabei mehr auf als innen.

Ich–bin–ein–Ro–bo–ter!

lustiger Hampelmann

Das brauchst du

Schwierigkeit
● ● ●

* Leinenstrukturpapier in Gelb, A4
* Leinenstrukturpapierrest in Weiß, Hellgrün, Grün, Türkis und Orange
* Glitzerkartonrest in Hellblau
* Scrapbookpapierrest, bunt gestreift
* je 2 Musterbeutelklammern in Blau und in Grün
* Buntstifte in Blau, Rot, Orange, Grün und Weiß
* Garn in Rot-Weiß, 2 x 15 cm, 1 x 20 cm und 1 x 30 cm lang
* 3 Neonperlen in Grün, ø 0,8 cm
* Lochzange
* Klebstoff
* Schere

Vorlage Seite 120

1 Schneide alle Teile für den Roboter der Vorlage nach aus.

2 Klebe nun den Roboter mithilfe der Vorlage zusammen. Danach bringst du auch die Glitzerkartonteile an.

3 Wenn du möchtest, kannst du mit deinen Buntstiften die Ränder der Roboterteile schattieren. Male auch ein fröhliches Gesicht auf und röte die Wangen.

4 Jetzt stanzt du mit der Lochzange an den in der Vorlage gekennzeichneten Stellen Löcher aus und steckst je eine Musterklammer hindurch. Anschließend befestigst du Arme und Beine des Roboters daran.

5 Binde an der Klammer am linken Arm ein Stück Garn (15 cm lang) fest. Führe den Faden dann zur Klammer auf der rechten Armseite und binde dort das andere Ende ebenfalls fest. Das Garn muss dabei gespannt sein! Verfahre bei den Beinen genauso und schneide den überstehenden Faden ab.

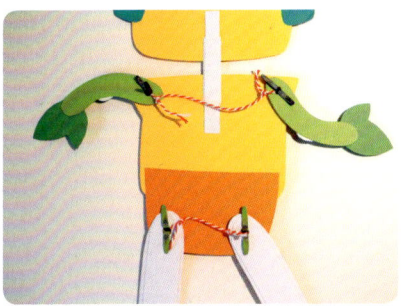

6 Knote nun das lange Garnstück (30 cm lang) in der Mitte an die Verbindung der Arme und dann an die Verbindung der Beine. Dann fädelst du die drei Perlen ans andere Ende des Zugbandes und knotest die letzte davon fest.

7 Zum Schluss befestigst du die 20 cm lange Schnur am Kopf des Roboters, sodass du ihn an der Wand befestigen kannst. Versuche nun ganz vorsichtig, ob sich dein Roboter auch richtig bewegen kann. Lässt sich der Roboter nur schwer bewegen oder hängt zu lasch herunter, solltest du die Musterklammern entweder lockern oder etwas fester zudrücken.

Alle Neune!

bildschöner Schaukasten

Schwierigkeit
● ● ●

* tiefer Bilderrahmen mit Passepartout in Weiß, 25 cm x 25 cm
* Tonpapier in Rosa oder Hellblau, 15 cm x 15 cm
* Scrapbookpapierrest in Gelb, Grün und Blau mit kleinen Mustern oder Leinenstrukturpapier in Schwarz

* Glitzerliner in Pink oder Glitzerkleber in Weiß
* Buntstifte in Hellgrün, Hellblau und Orange
* Filzstift in Schwarz
* Klebstoff
* Schere

Vorlage Seite 120

1 Schneide das Tonpapierquadrat zurecht und klebe es hinter das Passepartout.

2 Übertrage die Vorlage für Schmetterling oder Spinne neunmal auf das entsprechende Papier und schneide alles sorgfältig aus. Beim Schmetterling faltest du das Papier vorher am besten und zeichnest eine Flügelhälfte genau am Knick ein. Lass das Papier beim Schneiden am besten zusammengeklappt. Nach dem Ausschneiden klappst du den Falter auf.

3 Klebe alle neun Figuren in regelmäßigem Abstand auf das Tonpapier. Beim Schmetterling trägst du nur in der Mitte Klebstoff auf, dann kannst du nach dem Trocknen die Flügel nach oben biegen!

4 Zum Schluss kannst du deine Tiere noch nach Lust und Laune mit Glitzerfarben und Buntstiften verzieren.

5 Ist alles gut getrocknet, kannst du dein Kunstwerk rahmen. Weißt du schon, wo es hängen soll? Oder willst du es verschenken?

Tipp
Achte darauf, dass die Glasscheibe schön sauber ist, bevor du deine Bastelarbeit rahmst. Ggf. kannst du die Scheibe mit etwas Glasreiniger und einem sauberen Küchenhandtuch reinigen.

Juwelen und Edelsteine

bunte Papierperlen

Das brauchst du

Schwierigkeit ● ● ○

* Papier in verschiedenen Farben, z. B. Scrapbookpapier oder Geschenkpapier, je 15 cm x 15 cm
* verschiedene Perlen, z. B. ø 0,4 cm oder ø 0,8 cm
* Hutgummi in Weiß, Blau oder Rosa
* Lineal
* Zahnstocher
* Klebestift
* Schere

Tipp

Gerade Perlen bekommst du, indem du 1 cm breite und 20–30 cm lange Papierstreifen aufrollst. Wenn du mehr Papierperlen anfertigst, kannst du auch noch passende Ketten fädeln.

2 Verbinde die schräg gegenüberliegenden Punkte mithilfe des Lineals und des Bleistifts. Dabei entstehen lange Dreiecke.

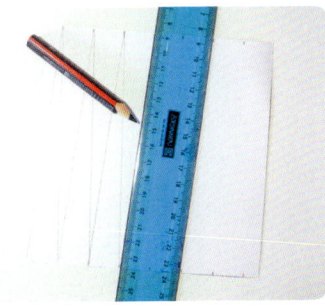

1 Miss auf den Papieren mit dem Lineal immer 2 cm ab und kennzeichne die Stelle mit einem Bleistift. Auf der gegenüberliegenden Seite misst du erst 1 cm ab und zeichnest ab dann alle 2 cm eine kleine Linie ein.

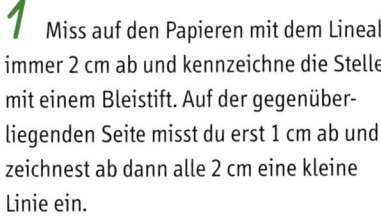

3 Schneide nun alle Dreiecke entlang der Linien aus. Möchtest du sicher gehen, dass die Linien besonders gerade werden, lass dir die Dreiecke von einem Erwachsenen mit dem Cutter ausschneiden.

4 Streiche die Rückseite eines Papierdreiecks mit dem Klebestift ein und rolle es mit der breiten Seite zuerst über den Zahnstocher. Lass den Kleber gut trocknen, dann lässt sich die Perle leicht herunterziehen. Fertige nun weitere Papierperlen an, bis du genügend für dein Armband zusammen hast.

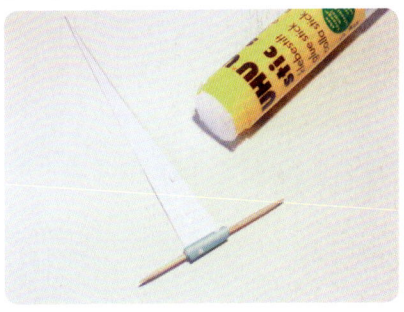

5 Jetzt schneidest du ein Stück Hutgummi ab. Damit es die richtige Länge hat, hilft dir diese Regel: Umfang deines Handgelenks + 3 cm zum Zubinden = Länge des Gummibandes!

6 Fädle deine Perlen nun auf das Gummiband auf. Wenn du möchtest, kannst du auch bunte Glasperlen oder Indianerperlen dazu kombinieren. Sobald du fertig bist, musst du nur noch die Enden miteinander verknoten und schon ist das erste Armband fertig.

Für Ritter, Piraten und Prinzessinnen

Accessoires für witzige Fotos

Das brauchst du

Schwierigkeit
● ● ●

* Fotokarton in Schwarz, Silber, Weiß, Rosa und Gelb, A4
* Fotokartonrest in Pink, Hellgrün, Lila und Orange
* Motivkartonrest in Rosa-Pink gepunktet
* Feder in Blau
* Krepppapierreste in Weiß und Hellgrün, ca. 2 cm breit
* 8 Schaschlikstäbchen, je 30 cm lang
* Transparentpapier
* Bunt- und Filzstifte
* Schere
* Klebstoff

Vorlage Seite 121

1 Lege das Transparentpapier auf die Vorlagen und zeichne sie mit einem weichen Bleistift ab.

2 Drehe nun das Transparentpapier um und lege es auf den jeweiligen Fotokarton. Fahre dann noch einmal die Linien kräftig mit dem Bleistift nach, damit sie sich auf den Karton übertragen. Auf dunklem Fotokarton kannst du die Umrisse mit einem weißen Buntstift nachziehen, so kannst du die Linien besser erkennen. Schneide die Motive aus.

Aktividee

Für lustige Bilder hältst du Hüte, Augenklappe und Co. einfach vor Kopf und Körper und lässt dich fotografieren. Das gibt tolle Fotos für Oma und Opa und ist auch eine schöne Erinnerung an deine Feste und Partys.

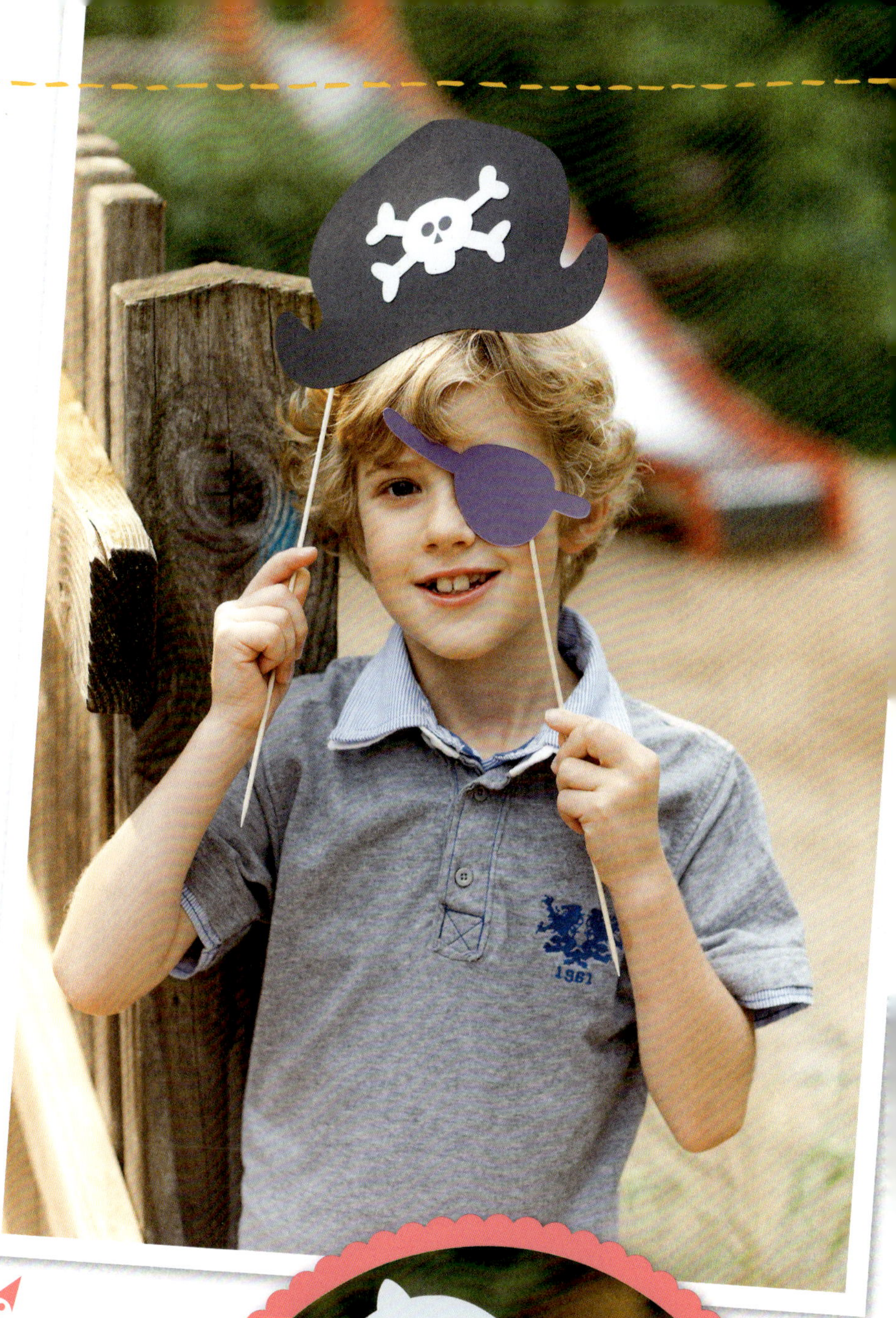

3 Jetzt geht's ans Verzieren: Male mit schwarzem Filzstift Augen und Nase auf den Totenkopf und klebe ihn auf den Piratenhut. Für die Rose malst du auf den rosa Kreis eine Spirale und klebst die Blüte anschließend mit zwei Blättern auf den Kragen. Den Ritterhelm kannst du mit einer Feder verzieren. Fixiere die Feder hierbei zuerst unter dem Visier, bevor du es am Helm befestigst. Klebe danach auch die anderen Teile aufeinander und orientiere dich dabei an der Vorlage. Hinter Blume und Spitzhut kannst du Krepppapierstreifen ankleben.

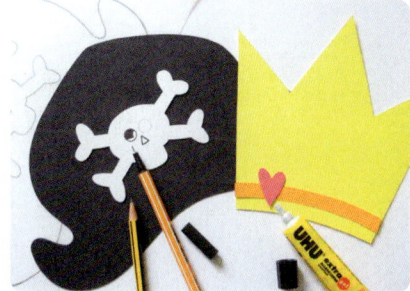

4 Zum Schluss klebst du auf die Rückseiten deiner Motive die Schaschlikstäbchen mit Kraftkleber an und drückst sie gut fest. Befestige die Stäbchen dabei mal links und mal rechts, so kannst du später immer zwei Motive festhalten.

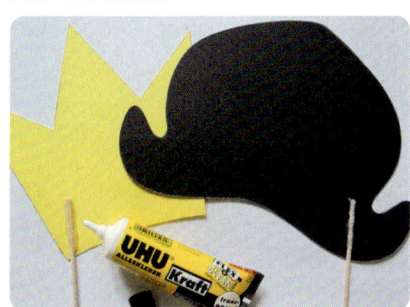

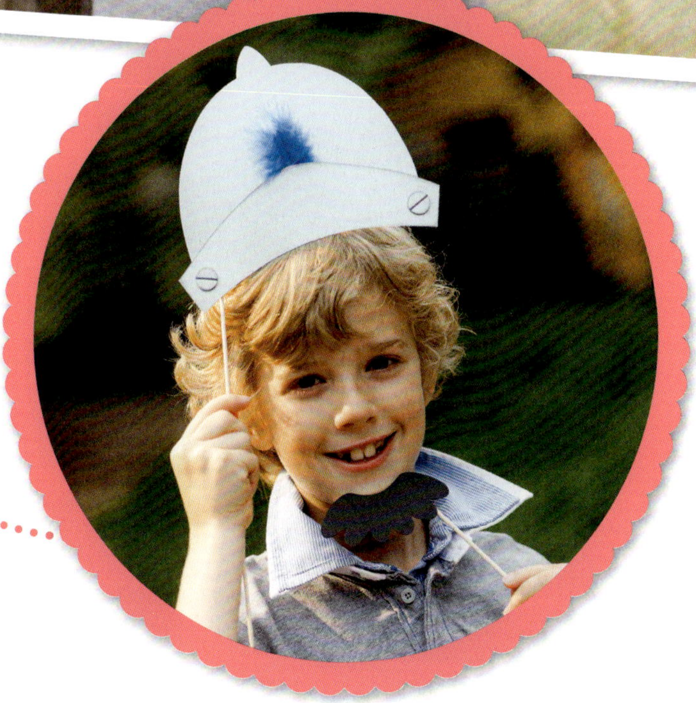

Liebe Eulen

Überraschungstüten

Schwierigkeit
● ● ●

* Scrapbookpapier oder festes Geschenkpapier, A4
* Leinenstrukturpapierrest in Orange, Weiß und Pink oder Türkis
* Buntstift in Orange und Weiß
* Filzstift in Schwarz
* Klebeband oder Masking Tape

Vorlage Seite 126

1 Zuerst faltest du die Tüte aus dem Scrapbookpapier. Dazu legst du das Papier quer vor dich hin und knickst die rechte kurze Seite ca. 3 cm nach innen. Danach klappst du die linke kurze Seite bis zum rechten Rand und streichst mit deinen Fingern die Faltkanten glatt. Bestreiche das 3 cm breit gefaltete Stück mit Kleber und verbinde die Tüte.

2 Jetzt faltest du das untere Ende der Tüte 3–4 cm nach oben, streichst die Kante nach und klappst sie wieder nach unten.

3 Knicke beide Ecken bis zur Faltlinie nach innen, streiche die Kanten glatt und klappe die Ecken wieder zurück.

4 Öffne die Tütenunterseite so, wie du es auf dem Foto sehen kannst: Die Unterseite bleibt liegen, die Oberseite wird nach oben geklappt. Die Eckenfaltung wiederum zieht sich nach innen.

5 Falte nun die unten liegende Papierlage so weit nach oben, dass sie die Mittellinie überlappt.

Tipp

Natürlich kannst du deine Tüte auch ganz anders gestalten. Mit einer runden Clownsnase passt sie zu Fasching, mit kleinen Sternchen zu Weihnachten.

6 Die oben liegende Papierlage faltest du nach unten, sodass auch sie die Mittellinie überlappt. Dann klebst du den so entstandenen Boden fest.

7 Befülle deine Tüte und dann kannst du sie schließen. Falte dazu die beiden oberen Ecken um 4–5 cm nach innen und das Ganze dann nach unten. So entsteht der Kopf der Eule. Wenn du die eingeschlagenen Ecken mit etwas Klebeband fixierst, bleibt die Faltung an Ort und Stelle. Rolle ein weiteres, etwa 10 cm langes Klebebandstück zu einem 2 cm großen Ring auf und fixiere damit den Eulenkopf am Körper.

8 Schneide die Augen aus und bemale sie mit dem Filzstift. Fertige auch den Schnabel und die Füße an, schattiere sie mit Buntstiften und klebe alles am Päckchen fest. Viel Spaß beim Verschenken!

Blitzlichtgewitter

Fotoapparat für kleine Reporter

Das brauchst du

Schwierigkeit
● ● ○

* Fotokarton in Schwarz, A4
* Tonpapierreste in Silber und Grau
* 5 Tonpapierstreifen in Weiß, 0,3 cm x 15 cm lang
* Klopapierrolle
* Acrylfarbe in Schwarz und Rot
* Holzplatine rund, ø 1,5 cm
* Band in Schwarz
* Frischhaltefolie
* Klebstoff
* Pinsel
* Schere

Vorlage Seite 120

1 Kürze die Klopapierrolle auf eine Höhe von 6 cm und male sie außen und innen mit schwarzer Acrylfarbe an. Die Holzplatine färbst du rot ein. Lass alles gut trocknen.

2 Übertrage die Vorlage für das Kameragehäuse auf den schwarzen Fotokarton und schneide alles aus. Vergiss dabei nicht die beiden Guckkästchen, damit du später beim Fotografieren auch durchschauen kannst.

3 Knicke den Fotokarton an den gestrichelten Linien um, sodass das Gehäuse entsteht. Dann trägst du auf die Klebelaschen Klebstoff auf und fixierst so die Form.

4 Nun setzt du das Objektiv zusammen. Schneide dafür mithilfe der Vorlage die Linse aus dem grauen Tonpapier und die Blende aus schwarzem Fotokarton aus.

5 Schneide in das eine Ende der Klorolle kleine, ca. 1 cm lange Klebelaschen ein und knicke sie, wie bei der Linse, nach innen.

6 Nimm ein Stück Frischhaltefolie zur Hand, knülle sie zusammen und klebe sie flach auf die Linse. Befestige die fertige Linse mit den Laschen in dem unbearbeiteten Ende der Klopapierrolle und setze obenauf die Blende. Nun kannst du das Objektiv am Gehäuse befestigen.

7 Jetzt geht's ans Verzieren. Klebe die weißen Tonpapierstreifen oben und unten um das Gehäuse und um das Objektiv. Dann bringst du ein Blitzlicht aus silbernem Tonpapier (ca. 1 cm x 3 cm) und die rote Holzplatine als Auslöser an.

8 Zum Schluss kannst du noch Laschen an deinem Fotoapparat befestigen, damit du ihn dir auch umhängen kannst. Dafür schneidest du aus dem Fotokarton zwei Streifen (1 cm x 5 cm) zu, knickst sie in der Hälfte und klebst die aufeinander liegenden Enden zusammen. Bringe die Laschen auf der Rückseite oben am Fotoapparat an, ziehe ein Band hindurch und schon bist du als Reporter perfekt ausgerüstet!

Ganz schön pixelig!

trendige Ordnungshüter

Schwierigkeit
● ● ●

* Leinenstrukturpapierreste in Pink, Schwarz, Weiß, Orange und Türkis
* Kopierpapier in Rosa, Hellblau und Türkis
* Filzstift in Schwarz
* Ringbuch in Lila, Türkis und Apfelgrün
* Lineal
* Klebstoff

1 Als Erstes fertigst du kleine Quadrate aus den verschiedenen Leinenstrukturpapieren an. Schneide dafür zunächst 1 cm breite Streifen zurecht und zeichne dann zentimeterweise eine Linie. Schneide alle Quadrate sorgfältig aus.

2 Ordne die Vierecke nun auf einem Blatt Kopierpapier so an, wie du dein Muster später haben möchtest. Wenn dir dein Bild gefällt, kannst du die Quadrate der Reihe nach ankleben. Neben den Beispielen auf dem Bild fallen dir bestimmt noch viele eigene Kreationen ein.

3 Nun kannst du dein Kunstwerk noch mit einem schwarzen Stift beschriften.

4 Zum Schluss klebst du das Bild mit Klebstoff auf die Vorderseite eines Ringbuchs.

Tipp
Damit dein Pixel-Kunstwerk haltbarer wird, kannst du es noch mit selbstklebender Bucheinbandfolie überziehen!

Baum-Collage

fröhlicher Papierwald

Das brauchst du

Schwierigkeit
● ● ○

* Keilrahmen in Weiß, 30 cm x 30 cm
* Scrapbookpapiere in verschiedenen Grün- und Brauntönen
* Leinenstrukturpapierrest in Weiß
* Fotokartonrest in Rot gepunktet
* Klebstoff
* Schere

Vorlage Seite 124

1 Schneide aus den verschiedenen Papieren der Vorlage nach grüne runde Baumkronen und braune Baumstämme aus.

2 Klebe nun immer erst eine Baumkrone auf den Keilrahmen und anschließend den dazu passenden Stamm. Die Bäume können sich auch überlappen, dann sieht dein Bild noch schöner aus.

3 Ganz zum Schluss fertigst du noch zwei kleine Fliegenpilze aus Fotokarton an und fügst sie hinzu.

Tipp
Bringe an einigen deiner Bäume auch Früchte an. Wie wäre es mit saftigen Äpfeln oder süßen Kirschen? Auch kleine gepresste Blätter machen sich gut auf deiner Collage!

Go crazy!

knallgelbe Papierperücke

Schwierigkeit • • •

* 2 x Tonpapier in Gelb, 50 cm x 70 cm
* Fotokarton in Gelb, 3 cm breit, 1 x Länge deines Kopfumfangs + 3 cm, 1 x Länge deiner Kopfhöhe und 2 x ca. 25 cm lang
* 3 Papierstreifen in Pink mit Schnörkelmuster, je 30 cm lang
* Leinenstrukturpapierrest in Pink
* Kraftkleber

1 Schneide das Tonpapier in viele Streifen. Sie sollten etwa 1,5–2,5 cm breit und 50 cm lang sein.

2 Forme aus dem Fotokartonstreifen einen Ring, der genau um deinen Kopf passt, und klebe ihn zusammen. Dann klebst du quer über die Mitte an die Außenseite des Rings einen Streifen, der lang genug ist, um ihn von links nach rechts zu befestigen. Zwischen diese Verbindungen klebst du jeweils ein weiteres, ca. 25 cm langes Papierstück. Das ist das Grundgerüst für deine Perücke.

3 Beginne mit dem Aufkleben der Haare an der Rückseite. Fixiere dabei dicht an dicht die Papierstreifen mit Kraftkleber am hinteren Zwischenring des Grundgerüsts.

4 Nun folgt das Aufbringen der Haare an der mittleren Querverbindung. Klebe die Streifen in der Mitte gerade nach hinten, an den Seiten klebst du das Papier schräg an.

5 Für den Pony kannst du einige Tonpapierstreifen in vier Teile schneiden und diese am unteren Ring an der Vorderseite befestigen. Auch an die Zwischenverbindung klebst du noch Ponyhaare an, sie zeigen wieder nach vorne. Ergänze nun noch Papierstreifen in möglichen Zwischenräumen, damit die Perücke richtig dicht aussieht.

6 Als Letztes fertigst du die Haarschleife an. Klebe den pinken Papierstreifen zu einem Ring und drücke ihn in der Mitte zusammen. Klebe den pinken Papierrest an dieser Stelle einmal rund herum, sodass eine Schleife entsteht. Verziere die Perücke mit dem Haarband.

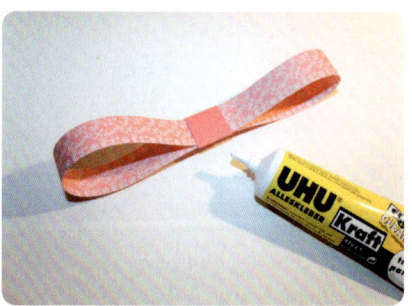

7 Setze die Perücke auf und schneide ggf. den Pony noch einmal nach, damit du etwas sehen kannst. Die Enden der einzelnen Papierstreifen kannst du abschrägen, dann sieht deine Frisur lustiger aus.

Tipp
Du kannst auch Perücken mit kurzen Haaren anfertigen! Verwende dazu 20–25 cm lange Papierstreifen. Wie wäre es mit einer feuerroten Koboldperücke oder pinkem Prinzessinnenhaar?

Ahoi Matrosen!

echtes Segelschiff

1 Übertrage die Vorlagen für den Schiffsrumpf und das Steuer auf den Holzstrukturkarton und schneide alles aus. Den Schiffsboden schneidest du zusätzlich noch einmal aus Pappkarton aus.

2 Nun klebst du die Einzelteile zu einem Schiff zusammen. Verbinde zuerst die Seiten und das Heck miteinander. Dann biegst du die unteren Klebelaschen nach innen, trägst Klebstoff auf und setzt das Pappstück ein.

3 Knicke das Deck an den gestrichelten Linien und klebe es in den Rumpf. Dann bohrst du mit einer spitzen Schere an der mit einem Kreuz markierten Stelle ein Loch für den Mast in das Deck. Stecke einen Bleistift mit der Spitze nach unten hinein und bohre auf diese Weise auch in die Pappe ein Loch. Dieses kannst du dann von unten mit der Schere erweitern.

4 Jetzt gibst du von unten etwas Kraftkleber in das Loch und steckst den Holzstab durch beide Löcher. Ist der Mast befestigt, klebst du das untere Loch mit einem kleinen Stück Strukturkarton zu.

5 Für das Segel schneidest du aus dem gestreiften Papier zwei Rechtecke zu. Das große Segel ist 21 cm x 21 cm und das kleine Segel 10 cm x 13 cm groß. Bohre in jedes Segel oben und unten ein Loch hinein. Fädle die Segel auf den Mast.

6 Für die Bullaugen stanzt du sechs große Kreise aus dem ockerfarbenen Strukturkarton sowie sechs kleine Kreise aus dem hellblauen Strukturpapier aus. Übertrage die Vorlagen für die Rahmen und Fenster auf den Karton bzw. das Papier und schneide alles aus. Verteile die Kreise an den Seiten und bringe die Fenster am Heck an. Klebe dabei zuerst die ockerfarbenen Teile als Rahmen und darauf die blauen Fensterscheiben auf.

7 Nun fehlen noch Steuer und Ausguck, die du komplett aus Holzstrukturkarton anfertigst. Das Steuer besteht aus Steuerrad und Steuerholz. Für das Steuerrad stanzt du zuerst zwei große Kreise aus und machst dann mit dem kleinen Stanzer jeweils noch einmal ein Loch in die Kreise, sodass zwei Ringe entstehen. Klebe sternförmig vier Streifen à 3 mm x 4 cm zwischen die Ringe und schneide die Enden zu Spitzen. Danach arbeitest du nach Vorlage das Steuerholz, knickst an der gestrichelten Linie deine Klebefläche um und befestigst das Steuerrad am langen Ende des Holzes.

8 Für den Ausguck brauchst du einen großen Kreis, einen Ring und sechs Streifen à 3 mm x 4 cm. Biege an den Streifen oben und unten kleine Klebelaschen um und befestige die Streifen an einer Seite rundherum auf dem Kreis. Auf den oberen Klebelaschen bringst du den Ring an, sodass ein Ausguck entsteht.

9 Nun schneidest du aus dem grauen Fotokarton den Anker zurecht, bindest ihn an die Baumwollschnur und befestigst die Schnur dann an einem Loch in der Reling.

10 Bringe zum Schluss Ausguck und Steuer am Schiff an. Dann kannst du die Umrisse deines Schiffs noch mit etwas Acrylfarbe nachzeichnen. Wenn du wenig Farbe auf den Borstenpinsel nimmst, kann man die Holzstruktur noch gut erkennen. Ist alles getrocknet, ist dein Segelschiff bereit für seine erste Fahrt auf hoher See.

Auf hoher See
fröhliche Fensterketten

Das brauchst du

Schwierigkeit
● ● ○

* Transparentpapier in Braun und Weiß, A4
* Transparentpapierrest in Gelb, Orange, Rot, Hellgrün, Hellblau und Dunkelblau
* Fotokarton in Türkis, 50 cm x 70 cm
* Laminiergerät
* 4 Folien, A4 oder selbstklebende Bucheinbandfolie
* Lochzange
* Garn in Rot-Weiß, 3 x 30 cm und 4 x 50 cm lang

Vorlage Seite 123

Tipp
Natürlich kannst du deine Bilder auch direkt ans Fenster kleben. Wenn du nicht alle basteln möchtest, such dir einfach dein Lieblingsmotiv aus.

1 Schneide alle Teile gemäß der Vorlage aus dem jeweiligen Transparentpapier aus und ordne sie erst einmal auf dem Tisch an. Male der Sonne ein Gesicht auf!

2 Ordne die ausgeschnittenen Motive nun auf den Laminierfolien an: Das Schiff und die Sonne werden jeweils einzeln einlaminiert. Beide Wolkengruppen und beide Fischschwärme passen auf je eine weitere Folie. Achte beim Schließen der Folien darauf, dass die Einzelteile nicht verrutschen!

3 Schiebe die Folien mit der geschlossenen Seite voran in das aufgeheizte Laminiergerät. Lass dir dabei unbedingt von einem Erwachsenen helfen!

4 Sobald die Folien abgekühlt sind, kannst du sie rund zuschneiden. Verwende als Schablone den äußeren Kreis der Ringvorlagen.

5 Als Nächstes schneidest du sechs kleine und einen großen Ring aus Fotokarton zu. Dann klebst du die Folienkreise von hinten an den Fotokartonkreisen fest.

6 Stanze nun mit der Lochzange Löcher für die Aufhängeschnüre in die Ringe.

7 Fädle die Garnstücke durch die ausgestanzten Löcher, knote sie fest und füge die Scheiben so zusammen, wie du es auf dem Bild sehen kannst.

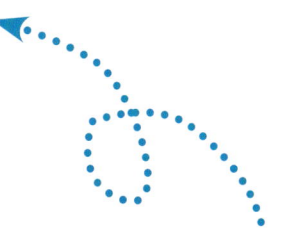

Geschichten aus der Steinzeit

Schattentheater

Vorlage Seite 128

Das brauchst du

Schwierigkeit
• • •

* Fotokarton in Schwarz, A3
* Schaschlikstäbchen
* Musterbeutelklammern
* Klebeband
* spitze Schere oder Nagelschere

Vorlage Seite 128

1 Übertrage die Vorlagen für deine Steinzeitwelt auf den Fotokarton und schneide alles aus. Bei kniffligen Stellen benutzt du am besten eine kleine spitze Schere. Kommst du einmal nicht weiter, bitte einen Erwachsenen um Hilfe.

2 Setze die Arme an den markierten Stellen mit den Musterbeutelklammern zusammen. Nun werden alle Figuren an ein Schaschlikstäbchen geklebt. Richte die Spitze des Spießes dafür nach oben und befestige ihn auf der Rückseite der Schattenrisse mit etwas Klebeband.

3 Sind alle Figuren mit Stäben ausgestattet, kann die Vorstellung beginnen. Hänge dafür am besten ein weißes Laken auf und bestrahle deine Leinwand von hinten mit einer Lampe.

Tipp
Überlege dir noch mehr Figuren für dein Theaterstück und zeichne sie selbst auf! Je größer dein Ensemble wird, umso mehr Freunde können bei der Aufführung mitmachen.

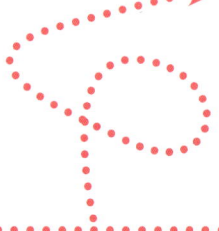

Ein monstermäßiger Spaß

grüne Piñata

Aktividee

Piñatas kommen ursprünglich aus Mexiko und Spanien und sind bunte Papierfiguren, die mit Süßigkeiten gefüllt werden und bei Geburtstagen zum Einsatz kommen. Jeder Gast darf mit verbundenen Augen dreimal mit einem Stock auf die Piñata schlagen, bis sie irgendwann zerbricht. Dann sammelt jeder so viel Süßes auf, wie er nur kann.

1 Schneide die oberen und unteren Laschen des Pappkartons ab und beklebe die Box rundum mit Klebebandstreifen. Ziehe nun die Schutzschicht der Klebebänder auf einer Kartonseite ab und befestige darauf das grüne Tonpapier, welches du zuvor zugeschnitten hast. Überklebe so nach und nach den ganzen Karton mit dem Tonpapier. Vielleicht musst du den zweiten Papierbogen verwenden, wenn der erste nicht reicht. Schneide das Tonpapier anschließend an den Kartonkanten bündig ab.

2 Übertrage die Vorlagen für das Monstergesicht auf die farblich passenden Fotokartons und schneide alle Teile aus.

3 Jetzt bemalst du die Fühler mit grünen Filzstiftstreifen und setzt weiße Lichtpunkte in die Augen. Auf die dicke Nase kannst du den weißen Punkt aufkleben.

4 Klebe das Gesicht und die Fühler auf deinem Karton fest. Den Mund malst du mit wasserfestem Filzstift auf. Wenn du ihn nicht frei malen möchtest, kannst du auch einen Becher als Schablone nehmen. Befestige nun die Zähne und klebe den Flausch-Chenilledraht unten an die Fühler. Danach beklebst du den Karton rundum mit grünen Punkten.

5 Lass dir von einem Erwachsenen im oberen Kartonbereich in die Schmalseiten je zwei Löcher bohren, fädle die Kordeln durch und verknote sie innen.

6 Befestige auf der unteren Kartoninnenseite rundum Klebeband. Ziehe von dem hinteren Klebestreifen die Schutzschicht ab und klebe das aufgerollte Geschenkpapier mit der grünen Seite nach außen in den Karton. Rolle es Stück für Stück ab, bis der ganze Karton innen beklebt ist. Lass dir dabei von einem Erwachsenen helfen. Achtet darauf, auch die Überstände des Geschenkpapiers zusammen zu kleben. Zuletzt raffst du das Papier unten zusammen und bindest es mit der Paketschnur gut zu. Jetzt kannst du deine Piñata füllen, aufhängen und der Spaß kann losgehen!

Ausritt mit Löwe und Giraffe

fröhliche Steckensafari

Das brauchst du

Schwierigkeit
● ● ●

* Fotokarton in Gelb, Creme und Braun, A3
* Tonpapier in Braun, A4
* Kopierpapierrest in Weiß
* Filzstift in Schwarz
* Buntstifte in verschiedenen Farben
* 2 Holzstäbe, ø 1 cm, 1 m lang
* Motivstanzer Kreis, ø ca. 3 cm
* Klebstoff oder doppelseitiges Klebeband
* Schere

Vorlage Seite 124

1 Übertrage die Vorlagen für die Giraffenflecken und die Schnipselmähne jeweils zweimal auf Tonpapier. Die Löwenmähne und den Löwen- und Giraffenkopf überträgst du je zweimal auf den Fotokarton. Dann schneidest du alles aus. Achte darauf, dass die Motivpaare immer spiegelverkehrt sein müssen! Am besten lässt du dir von einem Erwachsenen helfen.

2 Schneide nun alles aus und klebe die Mähne auf den Löwenkopf und die Flecken auf den Giraffenhals.

3 Für die Gesichter stanzt du aus dem Kopierpapier vier Kreise als Augen aus und klebst diese auf. Male mit dem Filzstift Nase, Pupillen und ggf. Barthaare auf. Für ein schöneres Fell kannst du die Umrisse und die Gesichter auch noch mit verschiedenen Buntstiften schraffieren (siehe Seite 7).

4 Nun musst du die Köpfe nur noch auf dem Stecken befestigen. Lege dafür zunächst das Kopfteil, dann den Holzstab und zuletzt das zweite Kopfteil übereinander. Bestreiche das erste Kopfteil (mit dem Gesicht nach unten) großzügig mit Klebstoff und lege ein Ende des Holzstabs in die Mitte der Fläche. Als Nächstes setzt du das zweite Kopfteil (mit dem Gesicht nach oben) darauf und drückst die beiden Papierteile an den Seiten fest zusammen.

5 Sollte der Kopf auf dem Stab noch wackeln, kannst du dir von einem Erwachsenen innen links und rechts neben dem Holzstab noch ein Stück doppelseitiges Klebeband anbringen lassen. Ist der Klebstoff gut getrocknet, kann die Safari beginnen!

Die Gespenster sind los

gruselige Buchtrennzeichen

Schwierigkeit

● ● ○

* Fotokarton in Schwarz, A3
* Fotokartonrest in Gelb
* Klebepunkte in Weiß, ø 8 mm und ø 12 mm
* Buntstift in Weiß
* Filzstift in Schwarz
* Transparentpapier
* Kinder- und Nagelschere
* Klebstoff

Vorlage Seite 125

1 Lege das Transparentpapier auf die Vorlagen und zeichne diese mit einem weichen Bleistift ab. Nun drehst du das Transparentpapier um und legst es auf den schwarzen Fotokarton. Fahre die Linien noch einmal kräftig nach, damit sie sich auf den Karton übertragen. Auf dem schwarzen Fotokarton kannst du die Umrisse auch mit weißem Buntstift nachfahren, so kannst du sie besser sehen. Schneide jetzt die Motive mit deiner Schere aus. Schwierige Stellen kannst du zum Schluss auch mit einer Nagelschere zurechtschneiden.

Tipp
Du kannst die Figuren natürlich auch in bunten Farben basteln. Wenn du sie noch mit den Buchthemen beschriftest, hast du immer Ordnung in deinem Bücherregal.

2 Setze für die Augen jeweils zwei Klebepunkte auf die Figuren und male schwarze Pupillen auf. Den Mund kannst du mit weißem Buntstift aufmalen. Versieh die Fenster des Schlosses mit schwarzen Strichen und klebe diese ebenso auf. Nun kannst du die Figuren zwischen deine Bücher schieben, sodass sie keck daraus hervorgrinsen.

Falten

Papier falten

Das solltest du darüber wissen

Papiersorten

Das Falten von Papier ist eine der ältesten Basteltechniken der Welt. Etwa im sechsten Jahrhundert entwickelte es sich in Japan zu einer echten Kunstform, die man heute unter dem Begriff Origami kennt.

Um tolle Sachen zu falten, nimmst du am besten normales Origamipapier. Es ist bereits quadratisch zugeschnitten und hat schöne saubere Kanten. Aber auch herkömmliche Papiere, die nicht stärker als Kopierpapier sind (80g/m²), eignen sich gut zum Falten. Ist das Papier zu dick ist, lässt es sich bei mehreren Papierschichten nur noch schlecht oder gar nicht knicken.

Falzbein

Mit einem Falzbein kannst du Kanten glatt streichen. Es hilft dir besonders, wenn viele Papierschichten übereinanderliegen und dein Fingernagel nicht mehr ausreicht, um die Kante zu glätten. Auch wenn du sehr viele Teile falten musst, wie z. B. bei den Ninja-Sternen, ist das Falzbein ein guter Ersatz für deine Finger.

Bergfalte

Wenn der Faltknick in deinem Papier nach oben/außen zeigt, nennt man das eine Bergfalte.

Talfalte

Wenn der Faltknick in deinem Papier nach unten/innen zeigt, nennt man das eine Talfalte.

Zusammengeschobenes Dreieck

1. Für ein zusammengeschobenes Dreieck brauchst du ein quadratisches Papier. Die Seite, die später außen sein soll, zeigt nach unten.
2. Falte das Papier zweimal diagonal, sodass ein Kreuz entsteht und öffne es wieder.

3. Drehe das Papier um, knicke es einmal in der Mitte und öffne es wieder.

4. Wende das Papier. Klappe die obere Hälfte entlang der Mittellinie nach unten und drücke dabei mit den Zeigefingern die Mittellinie nach innen. So entsteht dein Dreieck.

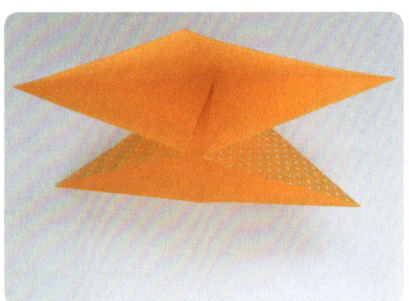

Blütenform

Die Blütenform faltest du wie das zusammengeschobene Dreieck, allerdings mit rundem Papier. Achte darauf, dass deine Faltkanten schön mittig verlaufen und nicht schief werden, sonst kannst du den Kreis später nicht zu einer Blütenform zusammenschieben.

Raute

1. Für die Raute brauchst du ein quadratisches Papier, das du zweimal diagonal faltest.
2. Drehe dann das Papier um und knicke es zweimal in der Mitte.
3. Nun schiebst du das Ganze zu einer Raute zusammen. Das machst du so ähnlich wie beim zusammengeschobenen Dreieck. Allerdings klappst du das Papier an einer diagonalen Faltkante zusammen und drückst diese gleichzeitig nach innen, sodass eine Raute entsteht.

Fächerfaltung

1. Klappe dein Papier einmal in der Mitte zusammen.
2. Knicke dann die äußeren Kanten zur Mittellinie und wieder zurück.

3. Falte den unteren Rand zur ersten Knickkante und dann zur dritten Knickkante und wieder zurück. Wiederhole das Ganze dann mit dem oberen Rand.

4. Drehe dein Papier um und falte nun den oberen und unteren Rand an jede zweite Knickkante.

5. Bist du damit fertig, hast du einen Fächer gefaltet.

Tipps und Tricks
- Falte deine Figuren auf einer glatten Unterlage, z. B. am Tisch. So hast du den besten Überblick und kannst das Papier besser halten.
- Beim Falten kommt es auf Genauigkeit an. Je exakter du faltest, desto besser gelingt dir deine Figur.

Verliebte Flamingos

Sommergirlande

Schwierigkeit

● ● ●

* Fotokarton in Rosa und Pink, A3
* Fotokarton in Hellgrün und Grün, A4
* je 2 x Leinenstrukturpapier in Orange, Braun und Rotbraun, 30,5 cm x 30,5 cm
* 2 Faltpapiere in Pink, 15 cm x 15 cm
* Satinband in Hellblau mit Punkten, 2 m lang
* Schere
* Klebstoff

Vorlage Seite 126

1 Übertrage die Vorlage der beiden Flamingos auf das rosa- und pinkfarbene Papier und schneide sie aus. Aus dem orangefarbenen Papier fertigst du zwei Schnäbel und vier Füße an. Klebe die Schnäbel an die Flamingos.

2 Nun schattierst du alle Teile mit Buntstiften und malst lustige Gesichter auf.

3 Schneide als Nächstes die vier Palmen aus und bemale sie ebenfalls.

4 Jetzt fehlen nur noch die Hexentreppen für die Beine und die Baumstämme. Fertige dafür 1,5 cm breite und 30,5 cm lange Papierstreifen an. Vielleicht schneidet sie dir auch dein erwachsener Helfer mit dem Cutter zurecht. Pro Flamingo brauchst du acht orangefarbene Streifen und pro Palme zwei braune.

5 Klebe zwei Streifen an einem Ende rechtwinklig aneinander. Falte dann immer den unten liegenden Streifen über den oberen. Wenn du fertig bist, kannst du die Enden verkleben.

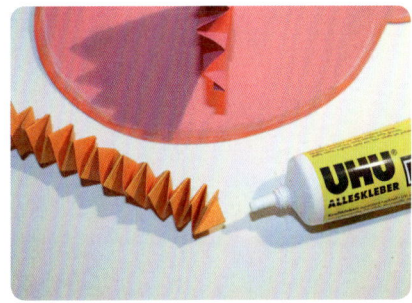

6 Da Flamingos ja sehr lange Beine haben, klebst du zwei Hexentreppen für ein Bein zusammen! Befestige am unteren Ende noch die Füße.

7 Klebe nun die Beine an die Flamingos und die Baumstämme an die Palmen. Knicke dazu am besten die oberste Faltung ein bisschen nach vorne.

8 Für die Flügel faltest du die beiden pinkfarbenen Faltblätter zu Fächern. Knicke das Papier nach 1,5 cm um, drehe das Blatt, knicke es wieder nach 1,5 cm um usw. Während du die Flügel faltest, kann dein Helfer am Bauch des Flamingos einen kleinen Schnitt machen, durch den du den Fächer dann schieben kannst. Ziehe ihn ein wenig auseinander, sodass man die Flügel der Flamingos gut sehen kann.

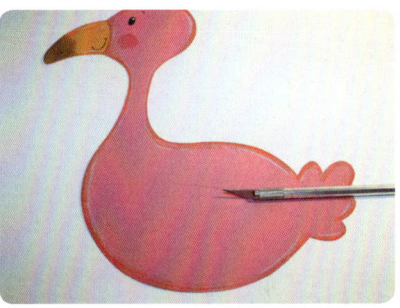

9 Fixiere zum Schluss alle Figuren an dem hellblauen Satinband, dann kannst du deine Girlande aufhängen.

Tipp
Die Flamingo-Girlande ist ein echter Hingucker für dein Zimmer. Sie verbreitet aber auch ganz bestimmt gute Laune auf eurem nächsten Sommerfest.

Hutmode am Frühstückstisch

für verrückte Eierköpfe

Schwierigkeit

●●●

* Origamipapier, verschieden gemustert, 10 cm x 10 cm
* Tassenuntersetzer-Spitze in Weiß, ø 10 cm
* Origamipapier rund, lila gemustert, ø 10 cm
* Knöpfe in verschiedenen Farben und Formen
* Feder
* Schere
* doppelseitiges Klebeband
* Klebstoff

Aktividee
Überlege dir eigene Hutkreationen und veranstalte einen Wettbewerb mit deinen Freuden oder deiner Familie, wer das lustigste Eiergesicht und den tollsten Hut entwirft!

Spitzenhäubchen

1 Falte aus dem Tassenuntersetzer eine Blütenform, wie auf Seite 39 beschrieben.

2 Dann ziehst du links und rechts die Zwischenschicht ein Stück heraus, sodass zwei kleine Flügelchen entstehen.

3 Nun klebst du die Seiten mit doppelseitigem Klebeband zusammen, damit ein richtiger Hut entsteht. Zum Schluss verzierst du dein Spitzenhäubchen vorne mit einem Blümchenknopf, fertig.

Hexe

1 Falte aus dem runden Origamipapier wie auf Seite 39 beschrieben eine Blütenform. Dann klebst du die Seitenteile zusammen und schneidest in den Rand kleine Fransen ein.

2 Biege die Fransen jetzt noch mit der Schere nach oben und befestige einen kleinen Sternknopf an der Spitze. Fertig ist dein Hexenhut!

Regenhut

1 Falte aus einem quadratischen Origamipapier eine Raute wie auf Seite 39 beschrieben.

2 Klebe die Seitenteile zusammen und öffne die oberste Papierschicht. In eine Seite kannst du dabei eine Feder mit einkleben.

3 Klappe die innen liegenden Spitzen nach oben und klebe sie dann fest.

4 Biege mit der Schere aus der Spitze an der Oberseite der Öffnung einen Schirm nach oben und der Hut ist fertig.

Bunte Armreifen

aus Hexentreppen

Schwierigkeit
● ○ ○

* Papierstreifen in verschiedenen Farben, z. B. Gelb und Hellgrün gepunktet oder Rosa mit Mustern und Blümchen, je 50 cm lang und 1–2 cm breit
* Klebstoff

2 Für die Hexentreppen faltest du nun immer den unten liegenden Streifen über den oben liegenden. Am besten drehst du dabei das Flechtwerk immer so, dass du sehr genau falten kannst.

3 Nun verklebst du die Enden der Papierstreifen.

4 Für ein Armband brauchst du zwei bis drei Hexentreppen. Klebe sie an den Enden aneinander und lass den Kleber wieder gut trocknen. Fertig ist dein bunter Armschmuck!

1 Klebe je zwei Papierstreifen rechtwinklig aneinander und lass den Kleber gut trocknen.

In fernen Galaxien

Planeten-Mobile

Schwierigkeit
● ● ●

* Leinenstrukturpapier in Creme, Braun, Orange, Hellblau, Blau, Hellgrün und Gelb, A4
* Mobile-Stern, ø 25 cm
* Wolle in Hellblau, 6 x 40 cm lang
* 6 Perlen in Neonblau, ø 0,8 cm
* Satinband, 40 cm lang
* Schere
* Klebstoff

Vorlage Seite 125

1 Übertrage gemäß der Vorlage die Kreise für die Planeten auf die verschiedenen Papiere. Du benötigst für jeden Planeten acht Kreise. Schneide sie sorgfältig aus.

2 Falte nun alle Kreise genau in der Mitte. Dann klebst du immer zwei Kreishälften aneinander und diese wiederum ebenfalls an ein anderes bereits geklebtes Kreishälftenpaar. Nun hast du lauter Halbkreise, die aus je vier gefalteten Kreisen bestehen.

3 Knote an die Enden der Wollschnüre je eine Perle. Die anderen Enden befestigst du am Mobile-Stern.

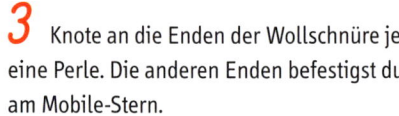

4 Bestreiche je eine Planetenhälfte mit Kleber, lege die Wolle in die Mitte und drücke die andere Hälfte des Himmelskörpers auf. Verfahre so mit allen anderen Planeten und lass den Kleber gut trocknen.

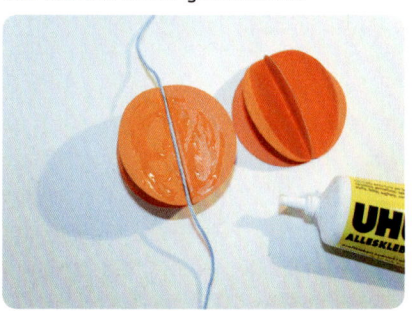

5 Schneide aus dem gelben Papier 40 kleine und 12 große Sterne nach Vorlage aus und klebe je zwei gleich große Sterne von hinten und vorne an die Wollschnüre. Hebe das Mobile zwischendurch immer wieder hoch, damit du sehen kannst, wo noch ein Stern angeklebt werden muss.

Tipp
Dein Mobile sieht auch schön aus, wenn du die Sterne nur von einer Seite an die Wolle klebst!

Tierische Handpuppen

aus Papier und Eierkartons

Schwierigkeit
● ● ●

+ Kopier- oder Tonpapier in Orange, Rosa, Hellblau, Gelb, Hell- und Dunkelgrün, A4
+ Fotokartonreste in Weiß, Rosa, Rot, Schwarz, Pink, Orange, Gelb und Hellblau
+ Tonpapierrest in Gelb
+ Eierkarton
+ Acrylfarbe in Weiß und Gelb
+ wasserfester Filzstift in Schwarz
+ Klebefilm
+ Klebstoff
+ Schere
+ Pinsel
+ Lineal

Vorlage Seite 122

1 Markiere auf dem Kopier- bzw. Tonpapier an den schmalen Seiten die obere und untere Mitte (bei 10,5 cm).

2 Falte die beiden langen Papierseiten in die Mitte bis zu den markierten Stellen. Fahre deine Faltungen dabei mit dem Finger immer noch einmal nach.

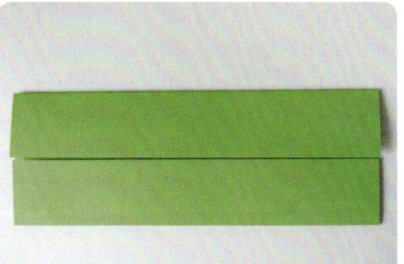

3 Jetzt drehst du den Papierstreifen um und faltest ihn einmal in der Mitte zusammen. Die offene Papierseite mit dem Schlitz befindet sich nun außen.

4 Lege das Papier so vor dich hin, dass sich die geöffnete Seite rechts befindet. Dann faltest du die obere Papierlage zurück zur linken Außenkante. Drehe das Papier um und wiederhole diesen Schritt noch einmal. Der offene Schlitz befindet sich jetzt wieder innen.

Aktividee

Bestimmt fallen dir und deinen Freunden noch viele weitere tolle Tiere oder Figuren für die Handpuppen ein! Wenn ihr genügend zusammen habt, könnt ihr ein lustiges Theaterstück damit aufführen.

5 Klappe deine Faltung noch einmal kurz auf und klebe den Papierschlitz mit Klebefilm zu. Fertig ist der Körper deiner Handpuppe.

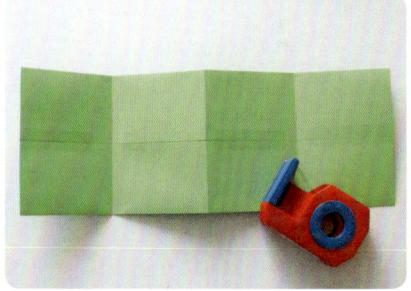

6 Teile den Eierkarton in Streifen und schneide die einzelnen Erhebungen aus. Für jede Figur benötigst du zwei gleich große, gut stehende Hütchen. Male sie außen weiß an (das Krokodil gelb) und lass sie trocknen.

7 Übertrage die Vorlagen für die Tiere und schneide alles aus. Die gestrichelten Linien ritzt du mit deiner Schere am Lineal entlang ein und knickst sie um. Dann kannst du alle Teile an der Handpuppe festkleben. Ohren oder geringelte Streifen wie bei der Schlange werden innen unter dem Kopf befestigt. Die Zähne klebst du unter den vorderen Faltungen fest, die Zungen kommen nach innen. Zuletzt bemalst du die Augen mit schwarzen Pupillen und klebst sie mit Klebstoff auf die Figur. Wenn du nun deine Finger und deinen Daumen in die Falttaschen steckst, fängt deine Puppe an zu plappern.

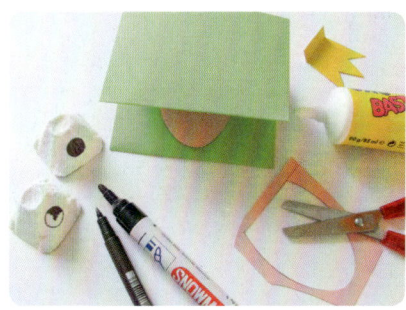

Echte Strandkrabben

aus dem Meer

Schwierigkeit

● ● ●

* Origamipapier, 15 cm x 15 cm in Orange- und Rottönen
* Wackelaugen in verschiedenen Größen

1 Falte zuerst ein zusammengeschobenes Dreieck (siehe Seite 38/39) und lege es mit der breiten Spitze nach unten vor dich hin.

3 Drehe deine Form um. Falte die untere Spitze nach oben und klappe die obere Kante etwa einen halben Zentimeter breit nach unten um.

2 Nun knickst du von der obersten Papierlage die linke und die rechte Spitze wie abgebildet nach unten und schlägst sie dann entlang der Faltlinie wieder nach hinten um.

5 Zum Schluss drehst du deine Krabbe wieder um und klebst zwei Wackelaugen auf – fertig ist das Meerestier!

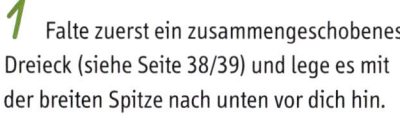

4 Jetzt faltest du die äußeren Spitzen wie auf dem Foto schräg nach innen. So entstehen die Scheren der Krabbe. Achte darauf, dass die Knickkanten von der umgeklappten Spitze nach schräg außen verlaufen, damit sich die Scheren nicht überlappen.

Tipp
Falte noch mehr Krabben in verschiedenen Farben und Größen, dann kannst du dir eine ganze Krabbenfamilie zusammenstellen.

Knifflige Geduldsprobe

aus Ninjasternen

1 Falte zwei unterschiedlich farbige Origamiblätter in der Mitte und schneide sie in zwei Teile. Dann nimmst du von jedem Blatt eine Hälfte, so wird dein Stern später zweifarbig.

2 Klappe beide Hälften der Länge nach zusammen, die Öffnungen der Blätter zeigen dabei zueinander.

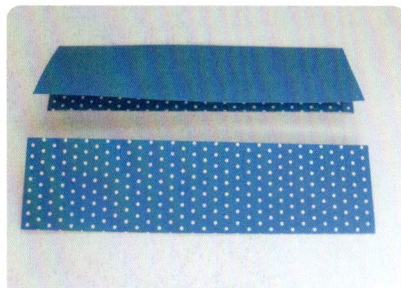

3 Knicke bei der einen Papierhälfte die linke obere Ecke nach unten und die rechte untere Ecke nach oben. Bei der zweiten Papierhälfte faltest du genau entgegengesetzt: Die linke untere Ecke knickst du nach oben, die rechte obere Ecke nach unten.

4 Jetzt klappst du bei der oberen Papierhälfte die linke Spitze nach oben, sodass die vormals innere Kante des Dreiecks

nun auf der Rückseite mit der Längskante abschließt. Das gleiche machst du mit der rechten Spitze, die du nach unten faltest. Dann knickst du bei der unteren Papierhälfte die linke Spitze nach unten und die rechte nach oben.

5 Drehe eine der entstandenen Formen um und lege beide Teile wie abgebildet aufeinander. Knicke die Spitzen der unten liegenden Form nach innen und stecke sie in die Laschen der zweiten Form.

Und so geht's

Stelle den Fuß auf (ggf. mit Klebeband am Tisch befestigen), verteile die Sterne auf die Mitspieler und stecke den ersten Stern auf. Dann beginnt der erste Spieler und steckt seinen Stern in eine Lasche des vorherigen. Danach kommt der nächste Spieler an die Reihe. Das Spiel endet, wenn es einem Spieler nicht gelingt, seinen Stern aufzustecken oder der Turm umfällt. Gewinner ist, wer die meisten Sterne aufsteckt.

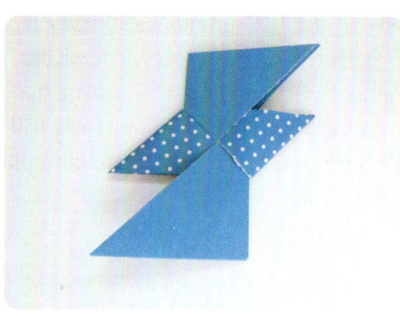

6 Drehe das Ganze um und stecke die Spitzen wie abgebildet in die Laschen – fertig ist der erste Ninjastern.

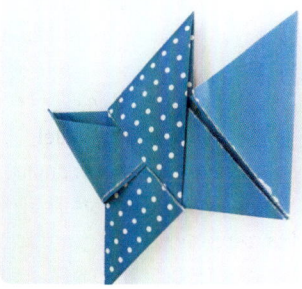

7 Falte auf diese Weise zusammen mit deiner Familie oder deinen Freunden ca. 25 Sterne.

8 Schneide dann aus der Pappe mithilfe der Vorlage den Standfuß zurecht und klebe beide Teile zusammen. Du kannst den Fuß auch noch mit Origamipapier bekleben, dann sieht er schöner aus.

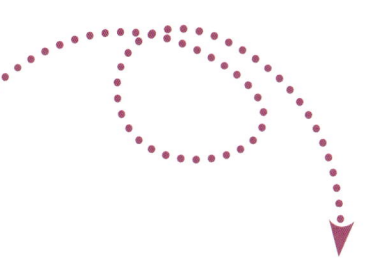

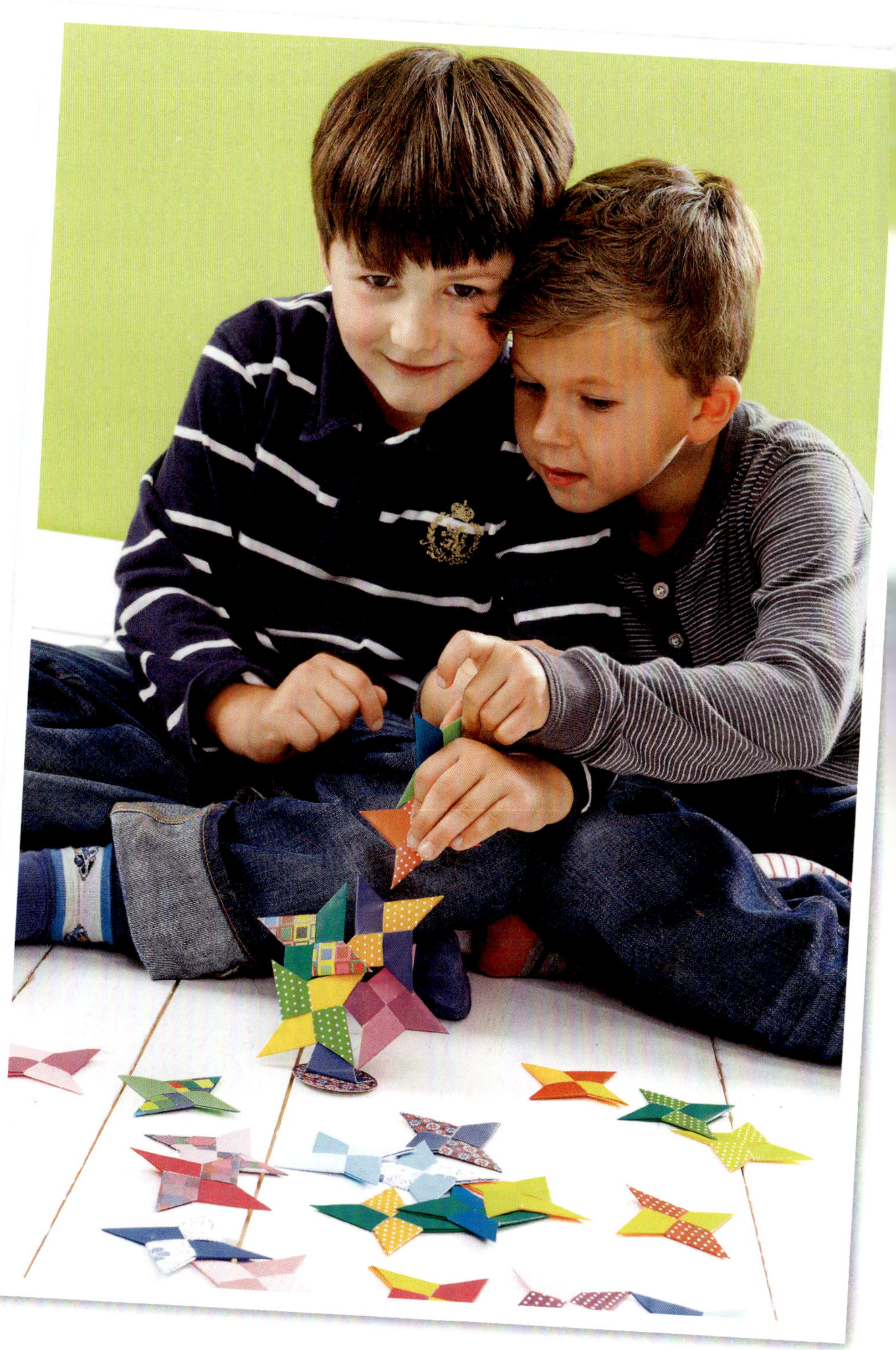

Der Schönste im ganzen Land

schillernd-schöner Pfau

1 Falte zunächst alle 20 Faltblätter zu Fächern. Knicke dazu eine Kante 1,5 cm um, wende das Blatt und knicke wieder 1,5 cm um. Wiederhole diesen Vorgang, bis das ganze Blatt gefaltet ist.

2 Klebe die Fächer an den Rändern zusammen, sodass ein Kreis entsteht. Lass den Klebstoff trocknen.

3 Hefte nun mit dem Bürohefter in der Mitte des Fächerkreises einige Falten zusammen, damit sich der Kreis schließt.

4 Jetzt überträgst du den Pfau zweimal auf das Glitzerpapier und schneidest ihn aus. Fertige auch zwei Schnäbel, sowie die Flügel, den Kopf und die Füße an.

5 Klebe die Schnäbel auf und male dem Pfau ein Gesicht. Ergänze auf jeder Seite ein Wackelauge und einen Herzknopf. Danach klebst du von hinten Flügel und Füße an. Wenn du möchtest, kannst du alles noch mit Buntstiften schattieren.

6 Fixiere auf beiden Seiten des Fächerrads einen Pfau. Dann bohrst du in das obere Ende des Rades ein kleines Loch, durch das du die Nylonschnur als Aufhängung fädeln kannst. Wo darf dein bunter Freund nun tanzen?

Tipp

Wenn du dir mehrere Falträder bastelst und jeweils seitlich die Nylonschnur anbringst, kannst du dir so eine bunte Girlande zaubern.

Auf zur Modenschau

Anziehpüppchen

Das brauchst du

Schwierigkeit ● ● ●

* Origamipapiere, 15 cm x 15 cm, verschieden gefärbt oder gemustert
* Fotokartonreste in Haut und Schwarz
* Kopierpapierrest in Weiß
* Schere
* Klebstoff

Vorlage Seite 123

Anziehpuppe

1 Übertrage die Vorlagen für die Anziehpuppe auf Fotokarton und schneide alles aus.

2 Klebe dem Püppchen die Haare an und male ihm noch ein Gesicht auf. Dann kannst du dich um die Kleidung kümmern.

Kleid

1 Falte dein Origamipapier einmal in der Mitte, drehe es um und falte die beiden äußeren Kanten zur Mittellinie.

2 Das Papier hat nun für vier Felder. Die beiden innen liegenden Felder teilst du durch eine Bergfalte noch einmal in der Mitte. Drehe dafür dein Papier um und knicke die linke und rechte Faltkante zur Mittellinie.

3 Drehe deine Form wieder um und knicke das obere Drittel nach hinten und dann ca. daumenbreit wieder nach vorn. So entsteht der Übergang vom Oberteil zum Rock.

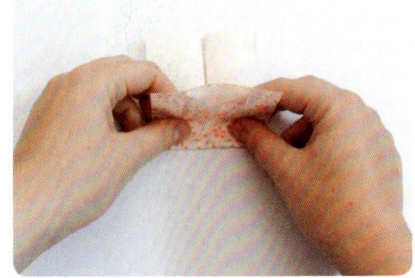

4 Ziehe die äußeren Papierkanten vom Rock ein Stück nach außen, sodass er sich richtig schön aufbauscht.

5 Drehe dein Papier um und falte links und rechts einen ca. 1 cm breiten Streifen nach innen.

6 Klappe die kleinen Rechtecke am Oberteil von der Mitte schräg nach außen, damit das Kleid auch Ärmel bekommt. Umdrehen und fertig ist dein Kleid.

7 Du kannst auch noch einen Kragen basteln. Schneide dafür das Kleid oben ein Stück an der Mittellinie ein und falte dann die Kanten schräg nach außen.

Hemd

1 Falte dein Origamipapier einmal in der Mitte und zerschneide es in zwei Teile. Für dein Hemd brauchst du nur eine Hälfte.

2 Klappe die Längskanten links und rechts zur Mitte.

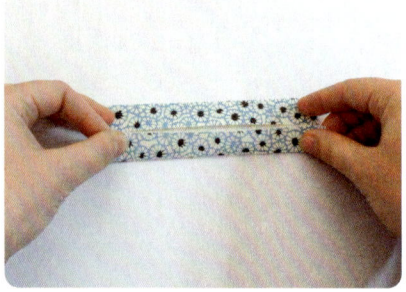

3 Drehe deine Form um und knicke an der oberen Kante einen ca. 5 mm breiten Streifen nach unten.

4 Wende das Papier wieder und falte die beiden oberen Spitzen zur Mitte. So entsteht der Kragen.

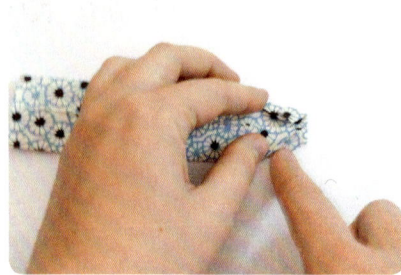

5 Klappe die untere Kante zweimal so nach oben, dass die Knickkante knapp unter dem Kragen endet.

6 Falte die letzte Faltung wieder auf und knicke die unteren Spitzen, beginnend an der ersten Knickkante, nach innen.

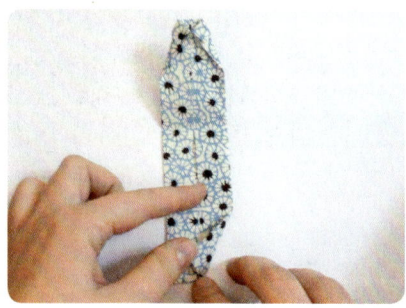

7 Mache zwei weitere schräge Knickkanten, in dem Feld darüber, die ab der ersten Knickkante von außen nach innen verlaufen.

8 Jetzt hebst du die oberste Papierschicht mit dem Finger leicht an und drückst das Papier an der ersten Knickkante nach außen, während du die Form wieder von unten das erste Mal zusammenklappst. So entstehen die Ärmel.

9 Klappe die untere Kante noch einmal nach oben und klemme sie unter dem Hemdkragen fest. Fertig ist das Hemd.

Rock

1 Knicke dein Origamipapier einmal in der Mitte und schneide es in zwei Hälften. Du brauchst nur eine Hälfte für den Rock.

2 Falte nun von der schmalen Seite aus das Papier zu einer Ziehharmonika (siehe Seite 39).

3 Fass die Ziehharmonika oben zusammen und klebe einen schmalen Streifen zur Befestigung dahinter. Links und rechts kann der Streifen überstehen, die Enden kannst du dann als Haltelaschen verwenden.

Hose

1 Knicke dein Origamipapier mithilfe der Fächerfaltung (siehe Seite 39) in acht gleiche Streifen.

2 Drehe dein Papier um und falte an der unteren Kante einen ca. 1 cm breiten Streifen um.

3 Wende das Papier wieder und klappe die Seiten entlang der Knicklinien nach innen zu Hosenbeinen zusammen. Befestige alles mit etwas Klebstoff.

4 Schneide mit einer Schere die Hosenbeine auseinander und kürze sie soweit, dass sie zu den Beinen deiner Puppe passen. Tadda, fertig ist die Hose.

Reißen und
Knüllen

Papier reißen und knüllen

Das solltest du darüber wissen

Papiersorten

Zum Reißen und Knüllen eignen sich am besten dünnere Papiere, wie z. B. Zeitungspapier, Seidenpapier, Strohseide oder Krepppapier. Aber Achtung! Viele dieser Papiere färben die Finger bunt (Seidenpapier oder Krepppapier). Werden sie feucht, verlieren sie schnell ihre Farbe. Da die Haut nie ganz trocken ist, färben die Papiere auch deine Finger ein. Deshalb solltest du dir während des Bastelns nicht im Gesicht herumwischen oder woanders hinfassen, sonst ist nämlich alles andere auch bunt. Am besten wäschst du dir gleich, wenn du mit dem Reißen oder Knüllen fertig bist, die Hände, bevor du weiter bastelst.

Reißen

Papier lässt sich wunderbar reißen und es geht viel leichter als schneiden. Die Papierschnipsel kannst du zu tollen Kunstwerken verarbeiten und dich mal richtig austoben! Denn es gibt kein Richtig oder Falsch. Ob als Collage einfach bunt übereinander geklebt oder zu einem abenteuerlichen Tarnumhang verarbeitet, hier ist kein Schnipsel zu groß oder zu klein, jedes Stück kann zu einem tollen Projekt verbastelt werden.

Knüllen

Geknülltes Papier macht einen tollen 3D-Effekt. Ob zu Strängen zusammengedreht oder zu kleinen Kügelchen geformt, hier können echte Landschaften entstehen. Und genauso wie beim Reißen gilt: Das kann jedes Kind und es kommt nicht auf Genauigkeit an. Ist ein Kügelchen mal kleiner geworden, macht gerade das den Charme der Technik aus.

Gerade Kanten reißen

Möchtest du möglichst gerade und lange Streifen reißen, nimmst du dir ein stabiles Lineal zur Hand und setzt es oben an der Papierkante an. Ziehe das Papier in Richtung des Lineals und gleichzeitig nach unten, so entsteht eine schöne gerade Risskante.

Falls dein Papier größer ist als dein Lineal, setzt du es einfach noch einmal an, bis du die untere Kante erreicht hast.

Für echte Abenteurer

Tarnumhang

Schwierigkeit
● ● ●

* Rohnessel, 120 cm x 150 cm
* Nähgarn
* Nähmaschine
* Seidenpapierbögen in Grüntönen, Grau, Braun und Creme
* Moos
* Kunstgras in verschiedenen Farben
* Lederband oder Baumwollband in Grün, ca. 1 m lang
* Alleskleber oder Heißklebepistole

1 Bitte als Erstes einen Erwachsenen darum, an einer der schmalen Stoffkanten das Lederband anzulegen, den Rand mit Zugabe darüber zu klappen und dann festzunähen.

2 Nun kannst du deinen Umhang gestalten. Reiße deine Seidenpapierbögen in unterschiedlich große Stücke, knülle sie zusammen, verteile sie gleichmäßig auf dem Umhang und klebe sie fest. Dafür kannst du entweder Alleskleber verwenden oder dir von einem Erwachsenen mit einer Heißklebepistole helfen lassen.

3 Sind alle Papierstücke angeklebt, kannst du noch Moos, Kunstgras oder anderes Tarnmaterial dazwischen befestigen. Auch selbst gesammelte Blätter oder Tannenzapfen eignen sich gut dafür. Je mehr Stoff du bedeckst, umso besser bist du später getarnt.

4 Sobald alles gut getrocknet ist, kannst du deinen Umhang anlegen und als echter Abenteurer mit deinen Freunden draußen auf Entdeckungstour gehen.

Für Rosenfeen und kleine Elfen

romantischer Feenstab

Das brauchst du

Schwierigkeit
• • •

* je 1 Bogen Strohseide in Rosa, Flieder oder Hellblau, 50 cm x 70 cm
* Strohseiderest in Hellgrün
* Fotokartonrest in Weiß
* selbstklebender Holografiefolienrest in Silber
* Rundholzstab, ø 5 mm, 30–40 cm lang

* Organzaband in Rosa, Flieder oder Hellblau, 7 mm breit, 40 cm lang
* Acrylfarbe in Grün
* dünner Bindedraht
* Motivlocher Stern, ø 1 cm
* Plastikbecher
* Klebstoff
* Lineal
* Schere
* Pinsel

Vorlage Seite 129

1 Bemale den Rundholzstab mit grüner Acrylfarbe und lege den Stab zum Trocknen auf zwei Plastikbecher.

2 Reiße von der schmalen Seite des Strohseidebogens zwei 8 cm breite Streifen ab (siehe Seite 62). Klebe beide Streifen an den schmalen Seiten zu einem langen Streifen zusammen. Reiße danach auch von der grünen Strohseide einen ca. 2 cm x 10 cm langen Streifen ab.

3 Wickle nun den Anfang von einem ca. 50 cm langen Bindedrahtstück um ein Ende des Holzstabes und klebe darüber den Anfang des zusammengeklebten Strohseidenstreifens fest.

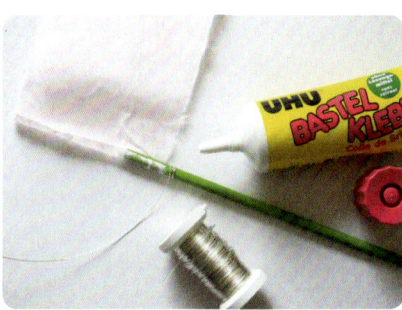

4 Dann windest und wickelst du den Papierstreifen um den Stab und sicherst ihn dabei immer wieder im unteren Bereich mit dem Draht. Die typische Rosenform erhältst du, wenn du den Streifen immer wieder umdrehst und dabei den oberen Papierrand nach unten führst. Das machst du so lange, bis der ganze Streifen aufgebraucht ist. Umwickle unten alles noch einmal mit dem Draht und schneide ihn dann ab.

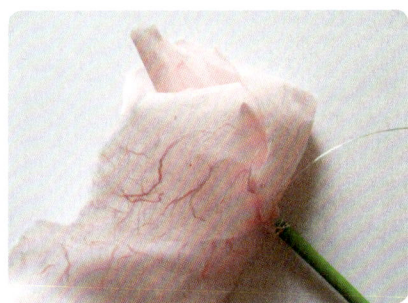

5 Jetzt klebst du über dem Rosenansatz und den Draht den grünen Strohseidestreifen fest.

6 Schneide den Stern der Vorlage nach aus und klebe ihn auf die Holografiefolie. Lass dir von einem Erwachsenen ein Loch in die Sternmitte stechen und vergrößere es mit der Schere so, dass du den Stern unter die Rose schieben kannst. Klebe den Stern an der Rose fest.

7 Zum Schluss verknotest du das Organzaband unter dem Stern. Stanze mit dem Motivlocher vier Foliensterne aus und klebe sie zuletzt jeweils rechts und links über die Enden der Bänder.

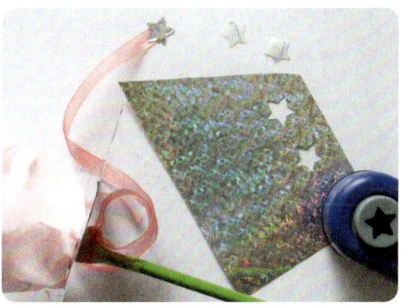

Spritzkunst

mit Farbpeitschen

1 Reiße großzügige Bahnen Krepppapier ab und zwirble sie zu Strängen. Je nach Größe deiner Krepppapierstücke, werden deine Peitschen unterschiedlich lang.

2 Nun knickst du die Stränge in der Mitte und verdrehst die beiden so entstandenen Hälften ineinander. Auf diese Weise entsteht eine Peitsche.

3 Fertige mehrere Peitschen an und umklebe die Enden mit Malerkrepp, damit sie ihre Form behalten. Alternativ kannst du auch mehrere Peitschen aneinanderkleben. Mit ihnen kannst du später lustige Muster gestalten. Besonders bunt wird es, wenn du verschiedene Farben aneinander klebst.

4 Sind alle Peitschen fertig, schneidest du dir einige Designerpapierstücke zurecht, die du als Griffe um das Malerkrepp klebst.

5 Jetzt kann der Farbspaß beginnen! Decke vorher deine Arbeitsfläche wasserfest ab und ziehe dir am besten Schutzkleidung über. Tunke die Enden der Peitschen in eine Schüssel voll Wasser und schlage damit kräftig auf das Zeichenpapier. Nimm unterschiedliche Farbpeitschen, damit es schön bunt und abwechslungsreich wird!

> **Tipp**
> Suche dir für dein Bild deine Lieblingsfarben aus Krepppapier im Bastelladen zusammen. Aber Achtung! Einige gemusterte Krepppapiere (wie z. B. das Regenbogenkrepppapier) werden nicht eingefärbt, sondern nur bedruckt und geben deshalb keine Farbe ab, wenn man sie ins Wasser taucht!

Freche Monster

Schnipsel-Collagen im Stickrahmen

Schwierigkeit
● ● ●

* Stickrahmen in Natur oder Pink, ø ca. 12 cm und 15 cm
* Baumwollstoff in Hellgrün, Dunkelblau

oder Blau gestreift, je 6 cm größer als der Rahmen
* Tonpapierreste und Scrapbookpapierreste in verschiedenen Farben
* Wackelaugen oval, 1—1,5 cm lang
* Glitzerliner in Pink, Grün und Hellblau
* Papierblumen in Blautönen, 3 x ø 1,5 cm und 1 x ø 3 cm

* 3 Glitzersteinchen in Lila und Pink, ø 0,5 cm
* 2 Knöpfe in Grün, ø 1 cm
* Pompon in Rot, ø 1 cm
* Klebstoff

Vorlage Seite 127

1 Zuerst spannst du den Stoff in den Stickrahmen. Schraube ihn dazu auf, lege den Stoff zwischen beide Ringe und drehe die Schraube wieder zu. Ziehe den Stoff rundherum ganz straff und schneide die überstehenden Enden ab.

2 Übertrage alle Teile für das Monster von der Vorlage auf bunte Papiere. Nimm das Papier zwischen Daumen, Zeige- und Mittelfinger und reiße vorsichtig an der Linie entlang. So machst du es mit allen Teilen.

3 Klebe die Monster zusammen und verziere sie mit Buntstiften. Ergänze das Gesicht und bringe die Wackelaugen an.

4 Befestige das Monster mit Kleber auf dem Stoff im Stickrahmen. Dann malst du mit den Glitzerfarben Beine, Fühler oder Schwanz auf und lässt alles gut trocknen.

5 Wenn du das Kugelmonster gebastelt hast, klebst du noch Blumen und Knöpfe an. Bestimmt fallen dir noch viele andere lustige Monster ein!

Treffen im Blumenbeet

Kügelchen-Ninjas

1 Bemale den oberen Bereich der Klopapierrolle zweimal mit der hautfarbenen Acrylfarbe und lass die Farbe gut trocknen.

2 Klebe die Rolle oben mit Kraftkleber zusammen und halte sie fest, bis der Kleber getrocknet ist. Mach dir nun eine Transparentpapierschablone von dem Ninjagesicht, lege sie mit den Umrissen nach unten auf den angemalten Bereich der Klorolle und fahre das Gesicht mit einem Bleistift nach. Dann malst du die Augen mit Filzstift auf. Nun wird geknüllt! Schneide oder reiße dazu das Krepppapier in viele gleich große Stücke und knülle sie zu kleinen Kügelchen.

3 Gib etwas Bastelkleber auf deine Figur, betupfe damit die Kügelchen und klebe sie rund um die Klorolle gut fest, nur das Gesicht lässt du frei. Wenn du Muster wie Kreise oder Streifen gestalten möchtest, so klebst du diese zuerst auf und füllst die Leerstellen mit der Hauptfarbe auf.

4 Nun schneidest du die Waffen der Ninjas der Vorlage nach aus. Klebe die Waffen auf die Ninjas und zuletzt rundum die Tonpapierstreifen als Gürtel oder auch als Stirnband fest. Beim Schwert musst du den Griff zusätzlich mit aufkleben.

Tipp
Das Knüllen der Kügelchen für die Figuren braucht Zeit. Daher ist es toll, wenn ihr in einer Gruppe seid und jeder eine Figur bastelt. So könnt ihr schneller losspielen!

Bunte Blumenpracht

aus Strohseide

Schwierigkeit

* Strohseide in Rot, Weiß, Gelb und Blau
* bunte Servietten mit kleinem Muster
* Eierkarton
* Schaschlikstäbchen, je 30 cm lang
* Styropor®-Kugeln, ø 3 cm oder 4 cm
* Müslischale, ø ca. 14 cm
* Acrylfarbe in Grün
* Bastel- und Kraftkleber
* Pinsel
* Schere
* spitze Schere
* Cuttermesser

2 Schneide die Strohseide in große Stücke. Lege dann die Schale darauf, halte sie mit einer Hand fest und reiße mit der anderen Hand rund um die Schale die Strohseide ab. Für jede Blume benötigst du drei Kreise. In die Kreismitte stichst du jeweils mit einer spitzen Schere ein Loch. Knülle die Kreise nun einmal zusammen und lege sie wieder auseinander. Dadurch sehen deine Blumen später sehr natürlich aus.

4 Jetzt kannst du die Blume zusammensetzen. Dazu spießt du zuerst die Spitze des Schaschlikstäbchens vorsichtig von unten in die Styropor®-Kugel. Dann streichst du etwas Kraftkleber auf die Kugelunterseite, schiebst einen Strohseidekreis auf das Stäbchen und klebst ihn an der Kugel fest. Bringe so auch die nächsten beiden Lagen Strohseide an. Zuletzt schiebst du das grüne Papphütchen auf den Stab und klebst den oberen Rand an der Blume fest. Zum Schluss zupfst du deine Blüten noch hübsch zurecht.

1 Schneide aus dem Eierkarton die einzelnen Erhebungen aus und schneide für jede Blume ein kleines Hütchen zu. Dann stichst du mit einem Schaschlikstäbchen ein Loch in die Mitte der Hütchen und bemalst sie außen mit grüner Farbe. Streiche für jede Blume auch ein Schaschlikstäbchen grün an und lass alles gut trocknen.

3 Lass dir von einem Erwachsenen die Styropor®-Kugeln mit einem Cuttermesser halbieren. Dann entfernst du von der Serviette eine weiße Papierschicht und schneidest aus den restlichen Lagen einen Kreis zu, der gut auf die Styropor®-Hälfte passt. Klebe die Serviette auf der Kugelunterseite fest, indem du Falte für Falte mit Bastelkleber befestigst.

Tipp
Mit den Blumen kannst du dich farblich richtig austoben. Wähle doch einmal für jede Lage Strohseide eine andere Farbe, so entstehen ganz verrückte Kombinationen. Da ist bestimmt für jeden eine Lieblingsblume dabei.

Wer schwingt die größten Kreise?

ein Ball zum Rumwirbeln

1 Lass dir bei den ersten Schritten von einem Erwachsenen helfen. Bohre mit einer spitzen Schere ein Loch in den Ball und weite es ein wenig, indem du den Ball auseinanderziehst.

2 Verklebe die Enden der Satinkordel rundum mit Klebefilm, damit sie nicht aufdröseln. Lass deinen Helfer die Kordel mit viel Heißkleber in das Loch im Ball kleben, dann drückt ihr es beim Trocknen

fest zusammen. Wiederholt diesen Vorgang, bis der Ball wieder ganz geschlossen ist und die Kordel festsitzt.

3 Reiße von der 50 cm breiten Seite der Strohseide pro Farbe drei ca. 2 cm breite Streifen ab (siehe Seite 62).

4 Jetzt klebst du die Streifen unterhalb der Kordel rundum mit Kraftkleber auf den Ball und drückst sie fest. Lass den Klebstoff gut trocknen.

5 Trenne mit der Schere den länglichen Ansatz von dem Luftballon ab und schneide in die Spitze ein ganz kleines Loch ein.

6 Nun kannst du den Ballon über den Ball spannen. Führe dazu die Kordel durch die Ballonöffnung und die eingeschnittene Spitze, ziehe den Ballon ganz weit auseinander und spanne ihn über den Ball, sodass die Ansätze der aufgeklebten Strohseidestreifen verdeckt sind. Das ist nicht ganz einfach, lass dir am besten von einem Erwachsenen helfen. Jetzt musst du nur noch einen doppelten Knoten in das Kordelende machen und das Schwingen und Rumwirbeln kann beginnen.

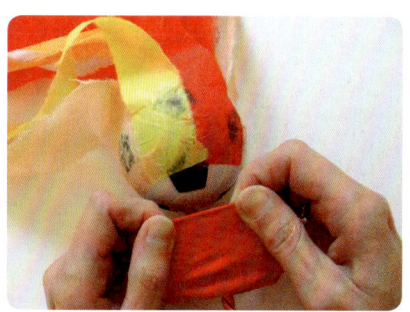

Kunterbunte Streifenparty

Vorhang für die Tür

Das brauchst du

Schwierigkeit
● ● ●

* Motivkartons, verschieden gemustert, 50 cm x 70 cm
* Metalllineal, 30 cm lang
* Holzstab, ø 0,8 cm, 1 m lang
* doppelseitiges Klebeband

1 Lege dir alle Papiere zurecht und nimm das Metalllineal zur Hand. Setze das Lineal etwa 1 cm vom Papierrand entfernt an und reiße einen Streifen ab (siehe Seite 62). So arbeitest du dich Stück für Stück nach unten. Bist du am Ende des Lineals angekommen, schiebe es einfach wieder etwas weiter nach unten, bis du einen kompletten Streifen abgerissen hast.

2 Reiße mit dieser Technik so viele Streifen ab, wie du für deinen Vorhang haben möchtest. Je mehr Streifen du später aufhängst, desto blickdichter wird dein Vorhang.

3 Hast du alle Streifen abgerissen, klebst du sie mit doppelseitigem Klebeband zu Strängen zusammen. Pro Vorhangstrang werden drei Streifen aneinandergeklebt. Dann legst du jeweils ein Ende des Stranges zu einer Schlaufe und befestigst diese ebenfalls mit Klebeband.

4 Zum Schluss fädelst du die Schlaufen noch auf den Holzstab und fertig ist dein neuer Vorhang!

Tipp
Bitte einen Erwachsenen darum, den Vorhang anzubringen. Die Holzstange lässt sich am besten mit Schellen am Türrahmen befestigen.

Pappmaschee

Mit Pappmaschee gestalten

Das solltest du darüber wissen

darauf, nicht zu viel Kleister auf einmal zu nehmen. Falls die Flüssigkeit zu dünn ist, kannst du jederzeit noch etwas von dem Pulver dazugeben. Ist die Masse zu dick, schüttest du etwas Wasser dazu. Eine Konsistenz wie Pudding ist genau richtig. Wenn du noch einen Esslöffel Holzleim in die Masse rührst, wird dein Bastelobjekt noch stabiler.

Objekt kaschieren

Streiche mit einem flachen Pinsel Kleister auf deine Grundform (z. B. Luftballon), lege Papierstücke darauf und überkleistere diese noch einmal. Den Luftballon kannst du dabei in einen Eimer oder eine Schale legen, so rutscht er nicht weg. Andere Formen kannst du z. B. auf eine Dose stellen. Trage dann mehrere Schichten Papier auf. Damit du bei den vielen Schichten nicht durcheinander kommst, kannst du am Anfang jeder Runde einen Farbschnipsel mit einkleistern, der dir anzeigt, wo eine neue Schicht beginnt. Es ist auch hilfreich, die Schnipsel immer in eine Richtung zu kleben. Lass dein Objekt nach dem

Basteln mit Pappmaschee

Pappmaschee ist der Überbegriff für zwei Techniken, mit denen du tolle Figuren, Masken oder Dekostücke basteln kannst. Die eine Technik ist das Kaschieren mit Papiermasse, die andere, die hier im Buch gezeigt wird, das Kaschieren mit Papierstücken.

Kaschieren

Beim Kaschieren ummantelst du eine Grundform, z. B. einen Luftballon, eine Schüssel oder alte Dosen, mit Papierschnipseln und Kleister. Dazu eignet sich einfaches

Zeitungspapier, du kannst aber auch farbige Strohseide, Seidenpapier oder Transparentpapier verwenden. Reiße das Papier dafür in Stücke. Je kleiner die Papierstücke sind, desto besser passen sie sich der Grundform an und auch schwierige Stellen lassen sich so gut bekleben.

Kleister anrühren

Den Tapetenkleister rührst du mit einem alten Schneebesen nach Packungsanleitung in Wasser an und lässt ihn aufquellen. Achte

Kaschieren gut trocknen – ein Luftballon benötigt mindestens eine Nacht, andere Objekte mehrere Tage bis sie trocken sind.

Grundformen wie eine Schale, die du gerne nach dem Kaschieren wieder verwenden möchtest, solltest du vor dem Bekleben mit einer Schicht Vaseline einschmieren und dann eine Lage Folie darüber legen. So kannst du deine Pappmascheeform nach dem Trocknen einfach von der Grundform wieder herunterschieben.

Ausgestalten

Ist deine Form getrocknet, kannst du weitere Papierteile, z. B. Ohren oder Hörner, anbringen und noch einmal alles umkleistern und trocknen lassen.

Hast du einen Luftballon kaschiert, stichst du diesen nach dem Trocknen auf und ziehst ihn aus der Form. Den Pappmascheerand schneidest du mit der Schere zurecht. Hast du farbige Papiere verwendet, kannst du nun mit dem Verzieren beginnen. Zeitungspapier solltest du immer erst mit weißer Acrylfarbe grundieren, damit man die Schrift nicht mehr sieht. Für die zweite Schicht nimmst du dann deine Wunschfarbe. Soll dein Objekt gut geschützt sein (etwa vor Wasser), kannst du noch klaren Schutzlack auftragen.

Die Wikinger kommen

farbenfrohe Helme

Das brauchst du

Schwierigkeit
● ● ●

* Luftballon
* alte Zeitungen
* 2 Klopapierrollen
* Malerkrepp
* Tapetenkleister
* ggf. Holzleim
* Alufolie
* Fellimitatreste, 2 x ca. 3 cm x 18 cm
* Acrylfarbe in Weiß, Hellgelb, Hautfarbe, Braun, Blau, Türkis und Hellgrün
* Pinsel
* Bürohefter
* Müslischale
* Schere
* Kraftkleber
* Maßband

1 Reiße die Zeitung in viele kleine Stücke und rühre den Kleister mit Wasser und Holzleim an (siehe Seite 82). Lass dir deinen Kopfumfang messen und blase den Ballon in diesem Umfang (zusätzlich 1–2 cm) auf. Setze den Ballon in eine Müslischale, damit er nicht wegrutscht, und kaschiere ihn mit den Zeitungsschnipseln. Dazu pinselst du Kleister auf den Ballon, legst Papierstücke auf und streichst noch mal Kleister darüber. Trage so vier Schichten Papier auf und lass alles über Nacht gut trocknen.

2 Schneide in die Klopapierrollen jeweils eine Spitze ein und rolle sie zu Hörnern zusammen. Hefte oder klebe die Hörner fest, stopfe sie mit Papier aus (das Papier darf oben ruhig rausgucken) und überklebe die untere Öffnung mit dem Malerkrepp.

3 Klebe die Hörner mit Kraftkleber und Malerkrepp auf den Helm. Umwickle die Hörner mit Alufolie, drücke sie fest und streiche sie glatt. Kürze das oben überstehende Folienende und forme es zu einem schön geschwungenen Horn. Bringe weiteres Kreppband an, damit die Hörner gut am Helm festsitzen.

4 Klebe noch zwei weitere Lagen Zeitungspapier auf den ganzen Helm und die Hörner auf und lass alles gut trocknen.

5 Dann stichst du den Ballon mit einer spitzen Schere auf und holst ihn aus der Form. Schneide den Rand des Helms mit der Schere schön rund zu. Zeichne dir am besten vorher mit Bleistift eine Hilfslinie auf. Setze während des Zuschneidens den Helm auch immer mal wieder auf und überprüfe, ob du noch etwas abschneiden musst. Anschließend malst du den Helm komplett mit weißer oder hellgelber Farbe an, damit man später keine Zeitung mehr durchsieht.

6 Nun kannst du den Helm mit deiner Wunschfarbe bemalen. Vielleicht musst du noch eine zweite Farbschicht auftragen. Verzierungen kannst du mit dem Pinsel aufmalen oder du benutzt Korken oder Wattestäbchen als Stempel. Die Spitzen der Hörner bemalst du mit fast trockener Pinselfarbe. Wische dafür den Pinsel zuvor auf Papier ab. Zum Schluss klebst du mit Kraftkleber die Fellstreifen um die Hörner und dann können die Wikinger losziehen.

Über den Wolken

Süßigkeitentransporter

Schwierigkeit • • •

* Luftballon
* Tapetenkleister
* ggf. Holzleim
* alte Zeitungen
* 2–3 Bögen Kopierpapier in Weiß
* Acrylfarbe in Gelb, Rot und Orange
* 4 Papierstrohhalme in Weiß-Blau, je 23 cm lang
* Scrapbookingpapier in Blau mit Schrift, 30,5 cm x 30,5 cm und Reste in Blautönen
* Häkelbordüre in Weiß, 1,2 cm breit, 45 cm lang
* Heißkleber

Vorlage Seite 129

1 Rühre den Kleister nach Packungsanleitung an und lass ihn gut durchziehen. Puste den Ballon auf und verknote das Ende.

2 Reiße jetzt das Zeitungs- und das Kopierpapier in viele 3 cm x 5 cm große Stücke. Beklebe den Luftballon rundherum mit den Zeitungspapierschnipseln, bis er ganz damit bedeckt ist. Dies wiederholst du noch zweimal.

3 Über die Zeitungsschnipsel kommen nun noch zwei Lagen weiße Papierschnipsel. Danach stellst du den Luftballon in eine Schüssel und lässt ihn gut trocknen. Das dauert etwa 1–2 Tage. Stich dann ein Loch in den Ballon, hole ihn aus der Pappmaschee-Kugel und schneide ggf. den unteren Rand gerade zu!

4 Zeichne mit einem Bleistift das Muster des Ballons auf: Zuerst ziehst du eine Linie in der Mitte rund um den Ballon. Die beiden entstandenen Hälften unterteilst du dann noch mal in acht gleiche Teile.

5 Bemale die einzelnen Felder wie auf dem Bild zu sehen oder nach deinen Wünschen. Lass die Farbe zwischendurch immer wieder gut trocknen.

6 Jetzt zeichnest du mit einem dünnen Pinsel die orangefarbenen Muster auf die weißen Felder.

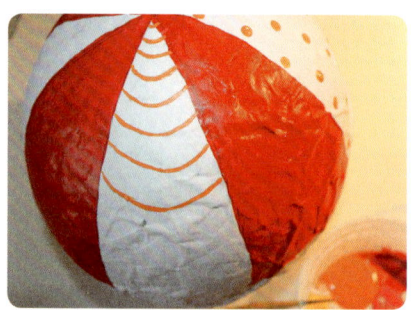

7 Übertrage die Vorlage für den Ballonkorb auf das beschriftete blaue Papier und schneide sie sorgfältig aus. Dann klebst du den Korb an den Klebeflächen zusammen.

8 Lass dir von einem Erwachsenen die vier Strohhalme mit Heißkleber zuerst innen am Korb und dann an die Innenseite des Ballons kleben.

9 Fertige viele Dreiecke in Blautönen an und klebe sie als Girlande an deinen Ballon. Zuletzt verzierst du den Ballonkorb noch mit der Häkelbordüre.

Besuch aus dem Wald

Fridolin Fuchs

Schwierigkeit • • •

* 2 Luftballons
* alte Zeitungen
* Tapetenkleister
* ggf. Holzleim
* Malerkrepp
* Acrylfarbe in Weiß, Orange und Schwarz
* Pinsel

1 Zuerst fertigst du Kopf, Körper und Schwanz für den Fuchs an. Für den Kopf beklebst du einen kleinen Luftballon mit mehreren Schichten Zeitungspapier, für den Körper nimmst du einen großen Ballon.

2 Für den Schwanz rollst du ein großes Stück Zeitung ein und klappst es einmal in der Mitte zusammen. Fixiere die Form, indem du sie mit kleinen Stücken Malerkrepp umklebst. Dann überziehst du den Schwanz mit einer Schicht Kleister und Zeitungspapier. Lass alles einen Tag trocknen.

3 Entferne nun die Ballons aus Kopf und Körper (siehe Seite 83). Dann drückst du den großen Ballon am breiten Ende nach innen ein, sodass der Körper eine Kegelform annimmt. Bitte am besten einen Erwachsenen um Hilfe. Bringe den Schwanz seitlich mit Malerkrepp am Körper an.

4 Jetzt fügst du am Kopf die Nase und die Ohren an. Rolle dafür drei kleine Blätter Zeitung zu je einem Strang zusammen. Halbiere einen davon für die Nase. Für die Ohren formst du die restlichen zwei Stränge zu Dreiecken. Fixiere alles mit Malerkrepp und befestige die Teile am Kopf.

5 Über ein weiteres eingerolltes Stück Zeitung verbindest du den Kopf mit dem Körper. Lege den Papierstrang zu einem mehrstöckigen Ring und fixiere ihn mit Malerkrepp oben am Körper. Das Luftballonloch liegt dabei in der Mitte des Kreises.

So entsteht der Hals. Setze den Kopf auf den Hals und befestige alles ringsum mit Malerkrepp.

6 Ist der Fuchs zusammengesetzt, bekommt er noch eine weitere Schicht Zeitungspapier, sodass alle Stellen später schön stabil sind. Lass deinen Gefährten anschließend über Nacht gut trocknen.

7 Jetzt geht's ans Anmalen. Male den Fuchs zuerst weiß an, damit die Schrift später nicht durchschimmert. Ist die Farbe trocken, malst du Körper, Schwanz, Ohren und Kopf orange an. Achte darauf, dass dabei einige Stellen weiß bleiben. Zum Schluss bekommt der Fuchs noch Augen und Nase aufgemalt. Lass die Farbe gut trocknen und dein neuer Spielgefährte ist fertig.

Lesepause

gemütliche Sitzbank

Schwierigkeit
● ● ●

* Tapetenkleister
* ggf. Holzleim
* flache Pappschachtel,
  z. B. 15 cm x 10 cm, 1,5 cm hoch
* Wellpappestreifen in beliebiger
  Farbe, 4 x 8 cm x 20 cm lang und
  2 x 12 cm x 15 cm
* Karton, A4
* Malerkrepp
* 2 Bögen Kopierpapier, A4
* Strohseide in Hellgrün, A3
* Papierblümchen in 2x Hellgelb
  (ø 1,5 cm), 1x Hellblau (ø 1,5 cm)
  und 1x Blau (ø 3 cm)
* Strasssteinchen in Pink, ø 0,5 cm
* 2 Halbperlen in Weiß, ø 0,3 cm
* Fabric Tape in Weiß gepunktet,
  6 x 11 cm lang

1 Für die Rückenlehne schneidest du aus dem Karton ein 10 cm x 15 cm großes Rechteck zurecht, faltest es der Länge nach und klebst es zusammen. Runde noch die Ecken ab.

2 Rolle die Wellpappestücke auf und befestige sie mit Malerkrepp, damit sie nicht mehr aufgehen.

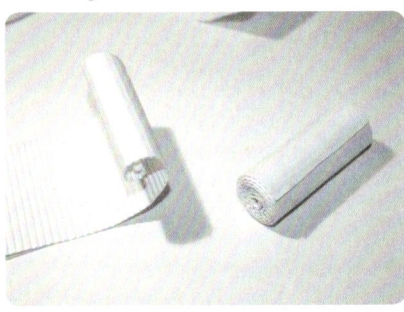

3 Befestige nun mit dem Malerkrepp die vier Bankbeine an der Unterseite der Pappschachtel.

4 Die längeren Wellpapperollen klebst du an die Hinterseite der späteren Sitzfläche. Daran kannst du dann die Rückenlehne anbringen.

5 Wenn das Bänkchen gerade steht und dir gefällt, kannst du mit dem Bekleben loslegen: Bereite den Kleister vor und klebe zwei bis drei Schichten aus weißen Papierschnipseln auf die Bank. Achte dabei darauf, dass alles gleichmäßig bedeckt ist.

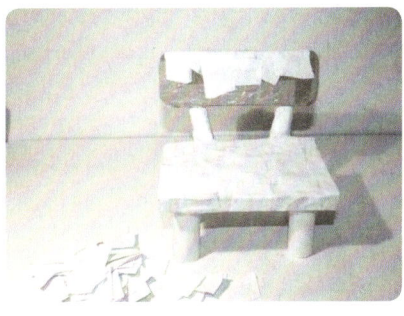

6 Als Nächstes bringst du eine Schicht grüne Strohseide auf. Lass das Bänkchen gut trocknen, das kann ca. zwei Tage dauern. Danach kannst du deine Bank nach Lust und Laune mit Papierblümchen, Strasssteinen und buntem Klebeband verzieren.

Tipp
Natürlich sieht dein Bänkchen auch in anderen Farben oder mit Glitzerkleber-Verzierungen hübsch aus. Schau einfach, was dir am besten gefällt.

Grasgrüner König

Sparfrosch

1 Puste den Luftballon so groß auf, wie es dir gefällt. Dann reißt du das Zeitungs- und Kopierpapier sowie die Strohseide in ca. 3 cm x 5 cm große Schnipsel.

2 Bereite den Kleister zu und klebe vier Lagen Zeitungsschnipsel auf den Ballon.

3 Auf die Zeitungsschicht kommen jetzt noch ein bis zwei Schichten weißes Papier und danach die grünen Strohseideschnipsel. Lass den Ballon ca. zwei Tage trocknen.

4 Wenn dein Frosch getrocknet ist, schneidest du den Knoten vom Luftballon ab, sodass die Luft entweichen kann. Dann erweiterst du das Loch mit der Schere zu einem Schlitz, damit du später dein Geld einwerfen kannst.

5 Lass einen Erwachsenen auf der Hinterseite des Ballons mit dem Cuttermesser ein Türchen einschneiden (ca. 7 cm x 7 cm groß). Stanze im Türchen und im Frosch je ein Loch und fädle das Häkelbändchen durch. Dann bindest du es zu, um den Sparfrosch zu verschließen!

6 Bemale die Wattekugeln zur Hälfte mit der grünen Acrylfarbe und lass sie gut trocknen.

7 Schneide der Vorlage nach aus dem Fotokarton zwei Füße und die Krone aus. Letztere klebst du an den Seiten zusammen.

8 Klebe die Kugeln nun als Augen an den Pappmaschee-Ballon und male mit Filzstift die Pupillen auf. Ergänze danach das restliche Gesicht. Wenn du magst, kannst du noch die Wangen des Froschs röten und grüne Sommersprossen aufmalen!

9 Zum Schluss klebst du an der Unterseite deines Froschs die Füße an und setzt ihm die Krone auf. Fertig ist dein Sparfrosch!

Deko fürs Märchenzimmer

Einhorntrophäe

Schwierigkeit
• • •

* Tapetenkleister
* ggf. Holzleim
* Puddingeimer aus Kunststoff (ohne Henkel), ø ca. 13 cm
* alte Zeitungen
* Klopapierrolle
* Malerkrepp
* Wattekugel, ø 3 cm
* fester Pappkarton

* Alufolie
* Acrylfarbe in Weiß, Rosa, Pink, Hellblau, Mittelblau und Schwarz
* Luftschlange in Pink
* Papier-Muffinförmchen in Rosa
* Organzaband in Rosa, 7 mm breit, 60 cm lang
* Bildaufhänger zum Ankleben
* Pinsel
* Kraftkleber
* Cuttermesser
* Bürohefter

Vorlage Seite 121

1 Knülle etwas Zeitung zu einer Kugel und klebe sie mit Malerkrepp als Schnauze auf den Eimerboden. Um den oberen Eimervorsprung etwas abzuglätten, klebst du rumdum einen gefalteten Papierstreifen fest. Lass dir von einem Erwachsenen die Wattekugel für die Augen mit dem Cuttermesser halbieren.

2 Schneide in die Klopapierrolle eine Spitze ein und rolle sie zu einem Horn.

Hefte oder klebe das Horn zusammen und stopfe es mit Papier aus. Dann überklebst du die untere Öffnung mit dem Kreppband.

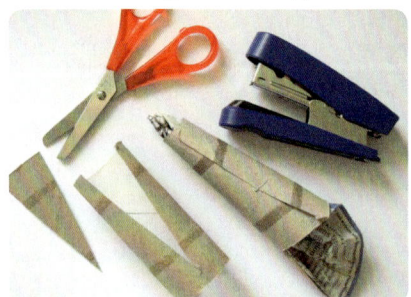

3 Bringe das Horn mit Kraftkleber auf dem Eimer an. Danach klebst du die Augen und die Ohren aus fester Pappe an und befestigst alles mit Kreppband. Umwickle das Horn zusätzlich mit Alufolie, streiche sie glatt und klebe sie fest. Dabei kannst du die Spitze kürzen und schön formen. Den Kopf

klebst du anschließend mit reichlich Kreppband auf einer ovalen Pappscheibe fest.

4 Reiße nun die Zeitung in viele kleine Stücke, rühre den Kleister an und kaschiere die Trophäe mit drei bis vier Lagen Zeitungsschnipseln (siehe Seite 82). Dazu pinselst du Kleister auf, legst die Papierstücke darauf und streichst noch mal Kleister darüber. An schwierigen Stellen, wie z. B. den Augen, verwendest du am besten ganz kleine Papierstücke. Wenn du fertig bist, lässt du den Kopf mehrere Tage erhöht (z. B. auf einer Dose) trocknen.

5 Nun ist dein Einhorn bereit für einen Anstrich. Bemale es zuerst ein- bis zweimal mit weißer Farbe. Danach kannst du das Horn, den Pappuntergrund und die Ohren

bemalen. Die Punkte kannst du mit einem
Pinsel oder einem Wattestäbchen auftupfen.

6 Binde dem Einhorn das rosa Band
um und verknote es am Hals. Für die
Haare schneidest du eine Luftschlange in
unterschiedlich lange Stücke und klebst
sie mit Kraftkleber hinter den Ohren und
um das Horn herum fest. Verwende als
Vorderseite mal die gemusterte und mal die
andere Seite, dann kräuseln sich die Haare
schön. Für die Blume schneidest du aus dem
Papier-Muffinförmchen den Boden heraus,

wickelst den Rand zur Spirale und klebst sie
am Hals fest.

Geschenke für die Zahnfee
Zahndöschen

Schwierigkeit ● ● ○

* Spandöschen, 4 cm x 5 cm oder 5 cm x 7 cm
* Seidenpapier in Pink, Grün oder Hellblau, A4
* Tapetenkleister
* Klopapier oder Fotokartonrest in Weiß
* Lackmalstift in Weiß und Schwarz
* Buntstift in Rot
* Glitzerliner in Pink

Vorlage Seite 122

1 Zuerst reißt du das Seidenpapier in kleine Stückchen. Die Schnipsel sollten nicht größer als 2 cm x 2 cm sein.

2 Beklebe sowohl den Deckel als auch den Boden mit ein bis zwei Schichten der Seidenpapierschnipsel und lass alles gut trocknen (siehe Seite 82).

3 Jetzt schneidest du der Vorlage nach aus dem weißen Fotokarton einen kleinen Zahn aus.

4 Klebe den Papierzahn nun auf das Döschen. Verziere zum Schluss die Ränder mit dem weißen Lackmalstift. Du kannst an den Seiten auch „Milchzähne" aufschreiben, wenn du möchtest!

5 Für einen Zahn in 3D-Optik überträgst du die Zahnvorlage zuerst auf ein Stück Papier und steckst es dann in eine Klarsichthülle. Weiche das Klopapierblatt in Kleister ein und lege es auf der Hülle der Zahnform entsprechend zurecht. Drücke noch eine rote Nase (Perle oder ein Stück Seidenpapier) auf. Nun drückst du den Zahn vorsichtig auf den Deckel des Döschens und lässt ihn dort gut trocknen.

Tipp
Damit deine Zähne in dem Döschen gut aufgehoben sind, kannst du es mit einem Stück Serviette oder Stoff auspolstern.

Champions-League

Siegerpokal

Das brauchst du

Schwierigkeit
● ● ●

* z. B. großer Mascarponebecher mit Deckel
* Kinderquarkbecher
* große Metalldose
* alte Zeitungen
* Seidenpapier in Weiß, A3
* Strohseide in Gelb, ca. 50 cm x 70 cm
* Malerkrepp
* doppelseitiges Teppichklebeband
* Wellpappe in Gelb, A4
* Tapetenkleister
* Holzleim
* Stein
* Acrylfarbe in Orange und Hellblau
* Krepppapierrest in Hellblau
* Fotokarton in Weiß
* Strasssteine
* Pinsel
* Kraftkleber
* Transparentpapier
* Filzstifte

Vorlage Seite 126

1 Stopfe den Quarkbecher mit Zeitungspapier aus und beklebe die Öffnung mit Kreppband. Fülle auch den Mascarponebecher mit Papier und lege einen Stein zum Beschweren ein. Verschließe den Becher entweder mit dem Deckel oder mit einer Pappscheibe. Klebe den Quarkbecher mit Teppichklebeband auf den Mascarponebecherboden. Befestige darauf die Metalldose, die Öffnung zeigt nach oben. Überklebe alle Verbindungen noch einmal mehrfach mit Kreppklebeband.

2 Reiße die Zeitung und die anderen weichen Papiere in viele kleine Stücke, rühre den Kleister an und kaschiere den Pokal mit zwei Schichten Zeitungsschnipseln (siehe Seite 82). Vergiss dabei auch die oberen und unteren Ränder nicht.

3 Trage eine Schicht aus weißen Seidenpapierstücken auf und darüber noch zwei Schichten gelbe Strohseide. Für besseren Halt beim Basteln kannst du den Pokal auf eine kleine Dose stellen. Sind alle Schichten aufgetragen, kleidest du das Innere der Dose mit gelben Papierstücken aus. Lass deinen Pokal mindestens zwei Tage trocknen.

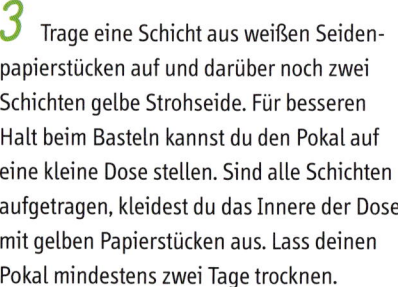

4 Schneide aus der Wellpappe zwei Streifen (2,5 cm x 22 cm) zu und klebe sie mit Kraftkleber als Henkel an den Pokal. Klebe die Streifen jeweils erst oben und dann unten fest. Halte die Klebestellen fest, bis die Henkel richtig festsitzen. Male deinen Pokal an und klebe als Verzierung noch Fußball, Zahl und Strasssteine auf (siehe Vorlage).

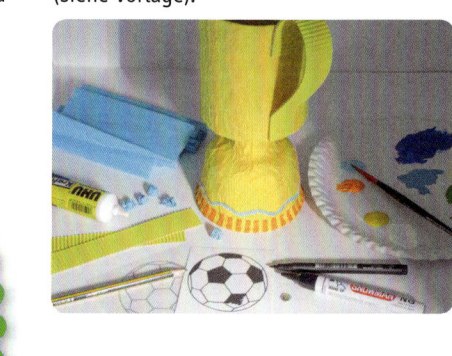

Rambazamba

lustige Rasseln

1 Fülle den Joghurtbecher mit Reis und klebe einen Deckel aus Fotokarton darauf. Für den Deckel stellst du den Becher verkehrt herum auf den Karton, umfährst ihn einmal mit dem Bleistift und schneidest ihn aus.

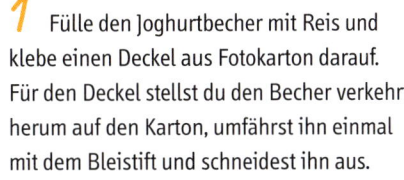

2 Umklebe nun den Rand zur Sicherheit auch noch einmal mit Malerkrepp.

3 Jetzt rollst du die Wellpappe zu einem Stiel auf. Dann fixierst du die Enden mit Malerkrepp und befestigst den Stiel damit mittig auf dem Joghurtbecher.

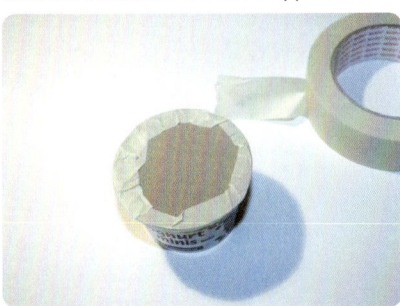

4 Bereite den Tapetenkleister vor und beklebe deine Rassel mit 3 Lagen Zeitungspapier und zwei Lagen Kopierpapier. Es dauert etwa ein bis zwei Tage, bis alles gut getrocknet ist.

5 Zum Schluss bemalst und verzierst du deine Rassel nach Lust und Laune!

Tipp

Verschiedene Füllungen (z. B. Erbsen, Linsen oder Glöckchen) ergeben ganz unterschiedliche Töne.

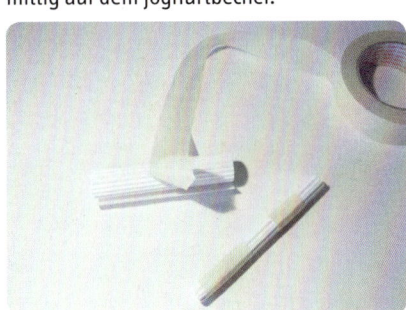

Ringe werfen

Geschicklichkeitsspiel

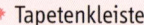
1 Forme als Erstes fünf Ringe aus Zeitungspapier. Pro Ring benötigst du ein bis zwei Bögen davon. Rolle das Papier zu einem Strang und lege ihn zu einem Kreis mit einem Durchmesser von etwa 20 cm. Befestige die Strangenden mit Malerkrepp aneinander.

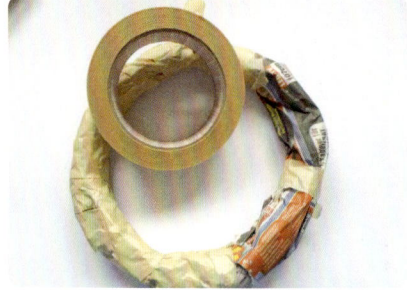

2 Für den Punktestab schneidest du aus der Graupappe einen Kreis mit einem Durchmesser von 19 cm aus. Dann rollst du auch hier zwei Blätter Zeitung ein und verzwirbelst sie zu einem Strang. Anschließend klebst du den Strang mit Malerkrepp in die Mitte des Pappkreises.

3 Nun wickelst du zwei weitere kleine Stränge aus Zeitungspapier und legst sie so um den Punktestab herum, bis der gesamte Pappkreis mit Zeitung bedeckt ist. Danach befestigst du wieder alles mit Malerkrepp.

4 Umklebe die Ringe und den Punktestab nun einmal komplett mit Malerkrepp und überziehe dann alles mit einer Schicht Papierschnipsel und Kleister. Lass alles gut über Nacht trocknen.

5 Am nächsten Tag malst du alle Teile komplett weiß an. Sollte das Zeitungspapier durch die Farbe noch durchschimmern, trägst du einfach eine zweite Farbschicht auf, bis alle Teile schön weiß leuchten.

6 Ist die weiße Farbe gut getrocknet, geht's ans Verzieren. Bemale deine Ringe mit verschiedenen Mustern. Um die Ringe beim Spielen gut auseinanderhalten zu können, solltest du pro Ring nur eine Farbe verwenden. Verziere dann auch den Punktestab. Hier malst du pro Wurfring eine Linie in der entsprechenden Farbe um den Stab.

7 Hast du auch die Verzierung fertig gestellt, kann das Werfen beginnen. Stelle den Punktestab etwa einen Meter entfernt von dir auf und versuche, die Ringe auf den Stab zu werfen. Die Ringe werden in der Reihenfolge geworfen, wie sie am Stab eingezeichnet sind. Die unterste Farbe beginnt. Derjenige, bei dem die meisten Ringe auf dem Stab landen, gewinnt.

Tipp
Du kannst das Spiel auch schwieriger gestalten, indem du fünf Ringe herstellst, die immer kleiner werden. Der größte Ring wird dann zuerst geworfen, der kleinste zuletzt. Du wirst sehen, das ist ganz schön knifflig! Denn je kleiner der Ring, desto schwieriger ist es, ihn auf den Stab zu werfen.

Flechten

Papier flechten

Das solltest du darüber wissen

Streifen schneiden

Schneide dir zunächst Streifen zurecht.
Achte darauf, dass die Streifen möglichst
gleichmäßig sind. Die Kanten werden
besonders sauber, wenn du mit einer Schere
mit langen Schneiden arbeitest. Kurze
Streifen kann man auch mit einem Cutter
zuschneiden, dabei sollte dir aber besser ein
Erwachsener helfen.

Flechten

1. Für das Flechten von Papier brauchst du
   mindestens vier Streifen. Zwei davon sind
   Längsstreifen, die du vor dich hinlegst,
   die anderen beiden sind Querstreifen, die
   eingeflochten werden.

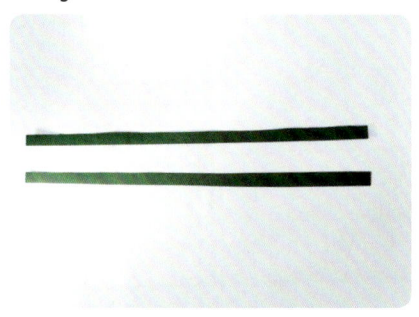

2. Beim Einflechten wird der erste Querstreifen unter dem ersten Längsstreifen
   hindurch geführt und über den zweiten
   hinweg.

3. Der zweite Querstreifen wird über den
   ersten Längsstreifen gefädelt und unter
   dem zweiten hindurch geführt.

4. Dann wird alles zusammengeschoben
   und es entsteht die Grundform für alle
   Flechttechniken.

Es wird immer ein Querstrang abwechselnd
über und unter einem Längsstrang entlang
geführt. Wenn du das beachtest, kannst du
in diese Grundform ohne Probleme weitere
Quer- und Längsstreifen einflechten.

Enden befestigen

Zum Befestigen der Streifenenden gibt es
zwei Möglichkeiten.

1. Trage etwas Klebstoff auf die Enden auf,
   schneide sie entlang der nächstliegenden
   Kante ab und klebe sie fest.
2. Möchtest du die Enden lieber verstecken,
   z. B. bei 3D Figuren, gehst du folgender-
   maßen vor: Die Enden eines Querstreifens
   begegnen sich bei 3D-Formen wie dem
   Würfel immer an einer Kante. Hast du
   beim Flechten alles richtig gemacht, liegt
   das eine Streifenende über einem Längsstreifen und das andere unter einem.
   Das Ende, das unter einem Längsstreifen
   herausguckt, klappst du nach hinten.

Dadurch entsteht eine kleine Öffnung, in die
du das andere Ende hineinsteckst. Eventuell
musst du es noch ein Stück kürzen, damit es
hineinpasst.

Dann klappst du das andere Ende im
rechten Winkel auf die andere Seite. Fädle
es unter den ersten Längsstreifen und
schneide es so ab, dass es darunter versteckt
wird. Damit es nicht wegrutscht, kannst du
es auch noch mit Klebstoff befestigen. So
fährst du fort, bis alle Enden versteckt sind.

Fröhliche Gesellen

Flecht-Windlichter

Das brauchst du

Schwierigkeit
• • •

* Transparentpapier in Hellorange und Dunkelorange, A3
* Fotokartonrest in Orange
* Scrapbookpapierrest in Schwarz, Hautfarbe, Türkis, Weiß und mit Wabenmuster
* Buntstifte in Orange, Rot, Blau und Braun
* Glitzerstein in Orange, ø 0,5 cm
* 2 Wackelaugen, 1,5 cm lang
* Teelicht in einem schmalen Glas

Vorlage Seite 127

1 Schneide aus dem ersten Transparentpapier acht Streifen zu (je 4,5 cm x 20 cm). Falte sie dann der Länge nach zu 1,5 cm breiten Streifen.

2 Schneide den Boden des Windlichts entsprechend der Vorlage zweimal aus Fotokarton zurecht und klebe die acht Streifen sternförmig daran fest, so entsteht das Grundgerüst. Lass den Kleber gut trocknen.

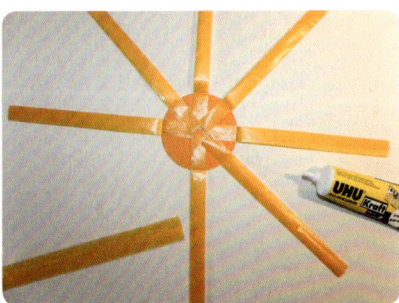

3 Nun schneidest du die Streifen aus dem zweiten Transparentpapier-Bogen zu. Die Streifen sind hier wieder 4,5 cm breit und 27 cm lang. Je nachdem, wie hoch dein Windlicht werden soll, benötigst du 6–8 Streifen. Falte auch diese wie in Punkt 1 beschrieben der Länge nach. Dann klebst du die Streifen an den Enden zu Ringen zusammen.

4 Biege die acht am Boden angeklebten Streifen nach oben und halte sie mit einer Hand ein wenig fest. Nun schiebst du den ersten Ring darauf. Danach ziehst du jeden zweiten nach oben zeigenden Streifen heraus, sodass immer einer vor und einer hinter dem Papierring zu sehen ist.

5 Jetzt steckst du den zweiten Ring auf. Diesmal ziehst du die nach oben zeigenden Streifen heraus, die in der vorigen Runde hinten waren. Mit allen weiteren Ringen verfährst du genauso. Am Ende knickst du die überstehenden Streifen nach innen und klebst sie dort fest.

6 Übertrage alle Teile für die Matroschka bzw. den Bart gemäß der Vorlage auf die Scrapbookpapiere und schneide sie aus. Dann fügst du sie mithilfe der Vorlage zusammen und bemalst sie mit Buntstiften.

7 Fixiere die Matroschka bzw. den Bart an den Lichtern und ergänze die Wackelaugen.

8 Stell das Teelicht in ein geeignetes Glas und dieses dann in deine Flechtlichter. Das ist wichtig, damit sich deine Windlichter nicht entzünden.

Frühlingskörbchen

für kleine Flechtkünstler

Das brauchst du

Schwierigkeit

●●●

- Tonpapier in Dunkelblau und Lila, 50 cm x 70 cm
- Designerpapierreste in Blau kariert
- Blümchenknöpfe in Hellblau
- Knöpfe in Hellblau
- Motivstanzer Blume
- Schere
- Klebstoff

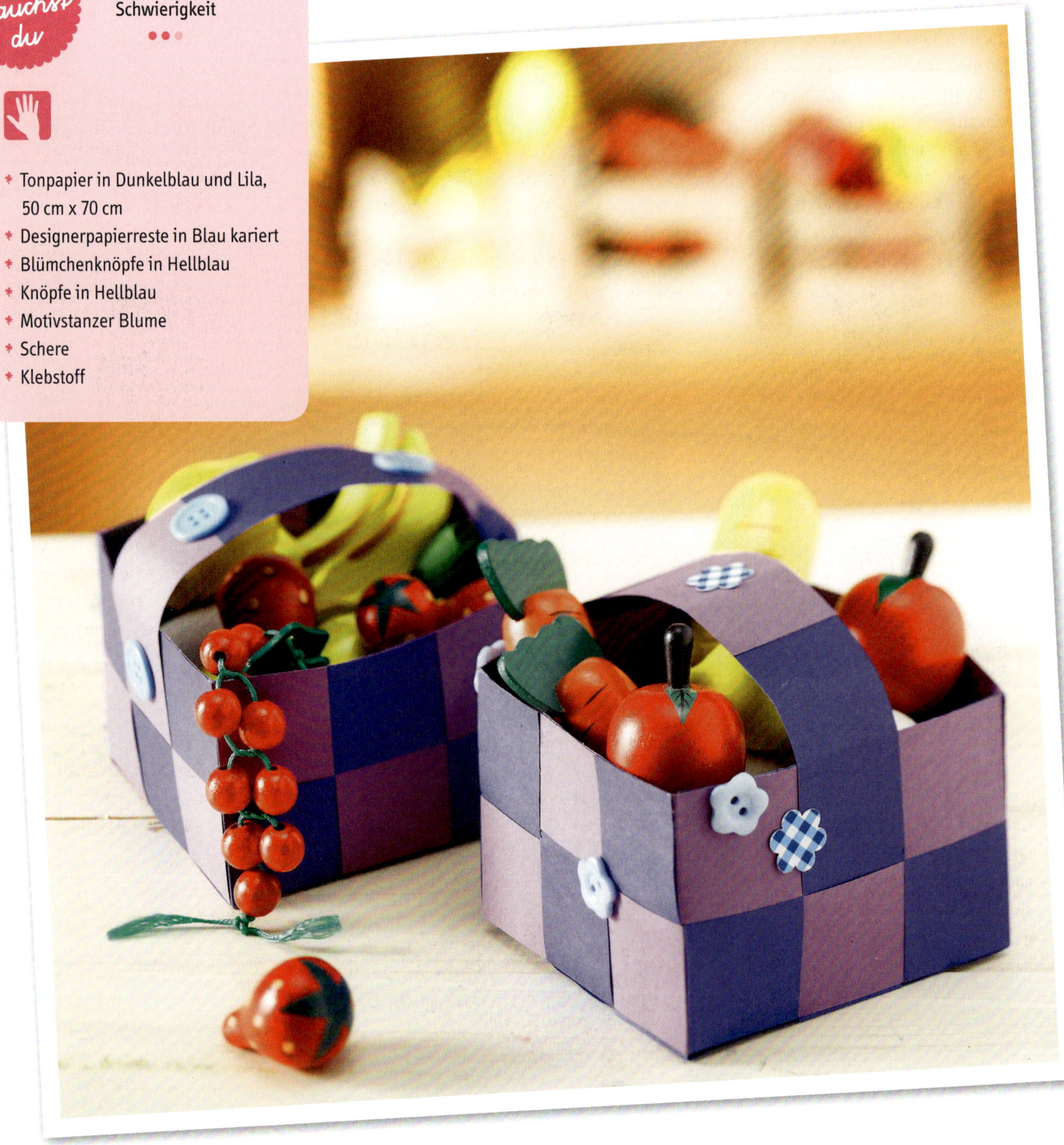

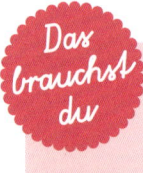

1 Schneide von jeder Farbe neun Streifen (3 cm breit, 70 cm lang) zurecht.

2 Lege drei blaue Streifen längs vor dich hin und fädle drei weitere blaue Streifen ein. Dabei gehst du immer abwechselnd vor: Den ersten Querstreifen fädelst du unter dem ersten Längsstreifen hindurch, über den zweiten hinweg und wieder unter dem dritten hindurch. Den zweiten Querstreifen webst du genau entgegengesetzt zum ersten ein, also über den ersten Längsstreifen hinweg, unter dem zweiten hindurch und wieder über den dritten hinweg. Den dritten Streifen fädelst du wieder wie den ersten ein. Schiebe alle Streifen eng zusammen, so entsteht der Boden deines Körbchens.

3 Flicht nun an einer Seite des Quadrats zwei lilafarbene Streifen ein. Achte auch hier wieder darauf, dass du immer entgegengesetzt zum blauen, bereits eingeflochtenen Streifen fädelst! Verläuft also der äußere blaue Streifen erst darüber und dann darunter, musst du den lilafarbenen zuerst darunter und dann darüber flechten.

4 Knicke nun die geflochtene Seite im rechten Winkel nach oben. Dann faltest du auch die blauen Querstreifen der linken Seite hoch und fädelst die lilafarbenen Streifen ein. Lass dir dabei am besten von einem Erwachsenen helfen.

5 Für die zwei verbleibenden Korbseiten biegst du im Folgenden die Enden der lilafarbenen Streifen immer im rechten Winkel zur noch ungeflochtenen Seite hin, richtest die blauen Streifen nach oben und verflichtst beides miteinander. Sollten die lilafarbenen Streifen zu kurz sein, schneide dir einfach ein kurzes Streifenstück zu und klebe es ein, um die Enden miteinander zu verbinden.

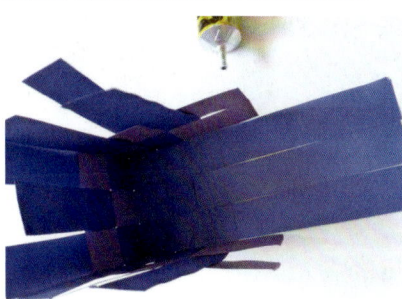

6 Hast du alle Seiten miteinander verflochten, schneidest du, bis auf zwei direkt gegenüberliegende blaue Streifenenden, alle Reste am Korbrand ab. Zur Sicherheit kannst du sie auch mit Klebstoff befestigen, dann können sie später nicht wegrutschen.

7 Die beiden verbliebenen Streifenenden verbindest du zu einem Henkel und klebst noch einen kleinen Streifenrest der anderen Farbe darüber. Jetzt ist dein Körbchen fertig. Wenn du möchtest, kannst du aus den restlichen Streifen jetzt in umgekehrter Farbkombination auch noch ein zweites Körbchen basteln.

8 Hast du beide Körbchen fertiggestellt, kannst du sie noch mit Blumenknöpfen oder ausgestanzten Blumen verzieren.

Lasst die Würfel rollen!

geflochtener Spielwürfel

Das brauchst du

Schwierigkeit
• • •

* Tonpapier in Gelb, Dunkel- und Hellgrün, Pink, Orange und Dunkelblau, A4
* Locher
* Schere
* Klebstoff

1 Schneide für den gestreiften Würfel vier grüne und fünf pinkfarbene Streifen (je 1 cm breit und 30 cm lang) zurecht. Für einen karierten Würfel benötigst du sechs Streifen von der einen Farbe und drei von der anderen.

2 Ordne die Papiere für den gestreiften Würfel wie abgebildet an und fädle die Querstreifen wie beim Körbchen unter Schritt 2 beschrieben ein. (Möchtest du einen karierten Würfel basteln, dann orientiere dich bei der farblichen Anordnung der Streifen an den Schrittbildern vom Körbchen.)

3 Stelle nun die ersten drei Seiten her und folge dafür den Schritten 2 bis 5 der Anleitung für das Körbchen auf Seite 110/111. Aber Achtung! Beim Würfel besteht das Seitenteil aus drei Streifen!

4 Bei der vierten Seite des Würfels knickst du zuerst die Bodenstreifen im rechten Winkel nach oben, dann flichtst du zwei Streifen von rechts und einen von links wie zuvor ein.

6 Für die letzte Würfelseite klappst du drei Streifen einer Kante nach innen und flichtst wieder zwei Streifen von links und einen von rechts ein. Dann befestigst du wie zuvor alle Enden.

7 Zum Schluss kannst du mit dem Locher noch Punkte ausstanzen, mit denen du die Zahlen auf den Würfel klebst.

5 Bevor du die letzte Seite flechten kannst, müssen die seitlichen Enden befestigt werden. Siehe dazu Seite 107.

Webspaß zum Aufhängen

kunterbunte Girlande

Das brauchst du

Schwierigkeit
• • •

* Fotokarton in Gelb, Rot, Blau, Grün und Pink, A4
* verschiedene Geschenkpapiere, Comicseiten, gemusterte Bastelkartons, einfarbiges und weißes Tonpapier, Zeitungspapier oder Luftschlangen
* Paketschnur, z. B. in Gelb-Weiß, ca. 2 m lang
* Müslischalen, Tassen und kleine Gläser
* Kraftkleber und Klebestift
* Klebefilm
* Schere
* Lineal

1 Sammle viele bunte Papiere, die breiter als 21 cm sind. Papiere in Streifenform, wie z. B. Luftschlangen sind ideal. Dünnes Papier klebst du am besten mit Klebestift auf weißes Tonpapier auf.

2 Lege ein Lineal an die schmale Seite des A4-Fotokartons und zeichne 1 cm vom Rand entfernt eine Linie ein. Zeichne dann parallel zur langen Papierseite viele Linien auf (mit je 2 cm Abstand) und schneide an den Linien entlang die Streifen zu. Aus den bunten Papieren schneidest du viele verschieden breite Streifen aus.

3 Jetzt webst du die Streifen in das Fotokartonrechteck. Führe den ersten bunten Streifen erst über, dann unter einen der Kartonstreifen und fahre so fort. Danach schiebst du den eingewebten Streifen nach oben bis an die Bleistiftlinie. Den zweiten Streifen führst du erst unter, dann über den Kartonstreifen. Schiebe auch diesen Streifen

wieder nach oben und verwebe so viele Streifen, bis das Kartonblatt voll ist.

4 Drehe dein gewebtes Blatt um, lege unterschiedlich große Schalen und Tassen auf und umfahre sie mit Bleistift. Von jeder Größe benötigst du jeweils zwei Kreise. Beklebe die Flächen innerhalb der Bleistiftlinien mit Klebefilm so, dass keine Lücken bleiben. Dann schneidest du die Kreise mit deiner Schere aus. Durch den Klebefilm können die Streifen nicht verrutschen. Streifen, die auf der Vorderseite abstehen, kannst du mit dem Klebestift festkleben.

5 Knote in die Paketschnur eine Aufhängeschlaufe. Klebe die Schnur quer über die Rückseite eines Kreises und fixiere den zweiten, gleich großen Kreis auf dem ersten. Befestige so alle Kreise in unterschiedlichen Abständen an der Schnur und binde am Ende wieder eine Schlaufe. Nun ist die kunterbunte Girlande fertig zum Aufhängen!

Tipp

Du kannst nicht nur Kreise, sondern auch
andere Motive wie Sterne, Herzen oder
Blumen aus den gewebten Papieren
zuschneiden. Denke aber daran, vorher
die Linien mit Klebefilm gut abzukleben.

Ein Meer voller Fische

geflochtene Wasserbewohner

Schwierigkeit
● ● ○

pro Fisch
* 2 Tonpapierstreifen in verschiedenen Farben, ca. 30 cm lang
* Wackelaugen in verschiedenen Größen
* Büroklammer
* Schere
* Klebstoff

1 Wickle den ersten Papierstreifen wie abgebildet zweimal um deinen Zeige- und Mittelfinger.

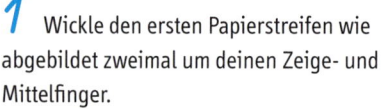

2 Dann nimmst du den zweiten Streifen zur Hand und flichtst ihn in den ersten ein. Beginne oben links und ziehe ihn vorne unter dem ersten Strang hindurch und über den zweiten hinweg.

3 Nun führst du den Streifen nach hinten, steckst ihn von innen zwischen den beiden Strängen ein und fädelst ihn von hinten außen entlang wieder nach vorn.

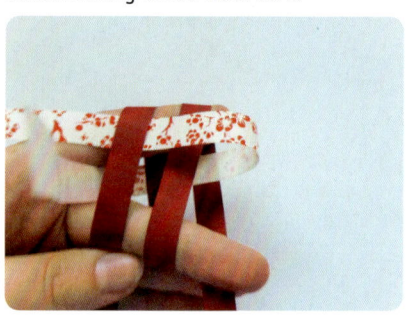

4 Jetzt legst du den Streifen über den ersten vorderen Strang und ziehst ihn unter dem zweiten hindurch.

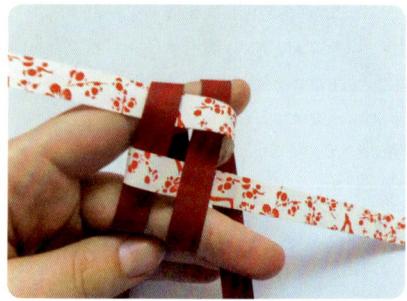

5 Führe den Streifen wieder nach hinten, diesmal jedoch außen entlang über den zweiten Strang und dann unter dem ersten hindurch.

6 Ziehe gleichmäßig an allen Enden und das Flechtwerk so zu einem kleinen Quadrat fest.

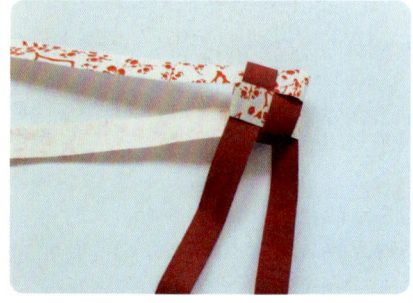

7 Jetzt drehst du deine Form einmal um 180 Grad und legst die Streifen wie abgebildet zurecht. Lass dir dabei am besten von einem Erwachsenen helfen.

8 Fädle den hellen, mit einer Büroklammer befestigten Streifen durch die Schlaufe des anderen hellen Streifens und ziehe wieder alle Enden fest.

9 Drehe deinen Fisch um.

10 Nun knickst du den oberen roten Streifen nach unten, legst den unteren roten Streifen darüber und fädelst ihn durch die helle Schlaufe hindurch.

11 Ziehe alles fest. Dein Fisch ist jetzt fast fertig.

12 Zum Schluss schneidest du die Streifenenden schräg zu Flossen und klebst die Reste als Schwanz an. Wenn du magst, kannst du deinem Fisch noch Wackelaugen aufkleben.

Herzige Geschenkchen

Flechtklassiker in bunten Farben

Schwierigkeit
• • •

* Scrapbookpapier in zwei verschiedenen Farben, z. B. Rot mit Punkten, Pink, Weiß oder Blau mit Blümchen, A4
* Satinband in passender Farbe, z. B. in Rot mit Pünktchen, 2 cm breit, 15 cm lang

Vorlage Seite 128

1 Falte beide Papiere der Länge nach in der Mitte. Übertrage die Vorlage für die Herzhälfte so auf das Papier, dass die schmale Kante an der Faltlinie des Scrapbookpapiers anliegt und die Rundung nach oben zeigt.

2 Schneide beide Herzhälften aus. Danach schneidest du auch die beiden auf der Vorlage markierten Linien ein, um die Herzhälften in drei Abschnitte zu unterteilen.

3 Nun beginnst du mit dem Flechten: Nimm die beiden Herzhälften mit den Rundungen nach unten in die Hand. Ziehe zuerst den linken weißen Streifen durch den rechten roten, dann den mittleren roten Streifen durch den linken weißen. Anschließend den linken weißen Streifen durch den linken roten Streifen stecken.

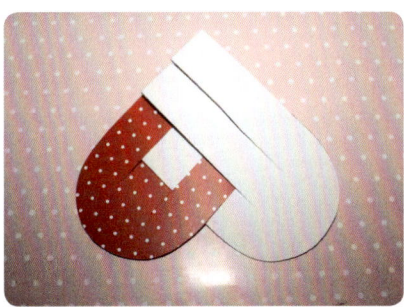

4 Als Nächstes kommt der mittlere weiße Streifen dran: Stecke den rechten roten Streifen durch den mittleren weißen Streifen. Ziehe den mittleren weißen weiter durch den mittleren roten Streifen und stecke den roten linken Streifen in den mittleren weißen.

5 Den letzten weißen Streifen flichtst du wieder genauso wie den ersten! Dann ist dein Herz auch schon fertig.

6 Damit du das Herz an einem Geschenk befestigen kannst, klebst du noch ein Stück Satinband oder auch einen Papierstreifen (15 cm x 2 cm) am Herz fest.

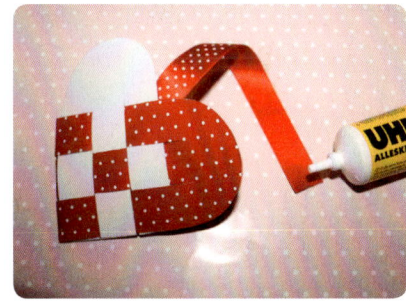

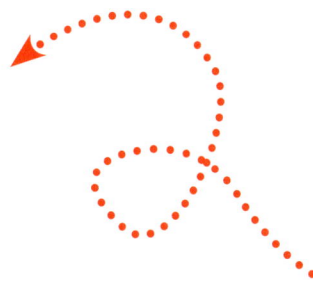

Tipp
Die Herztäschchen eignen sich besonders gut als Geschenkanhänger, Baumschmuck, Adventskalender oder als süßes Muttertagsgeschenk. Du kannst die Vorlage auch mit dem Kopierer vergrößern, wenn du magst! Statt drei Streifen kannst du z. B. auch fünf einschneiden. Das Flechten dauert hierbei zwar ein bisschen länger, aber das Muster sieht sehr filigran aus. Probier's einfach mal aus!

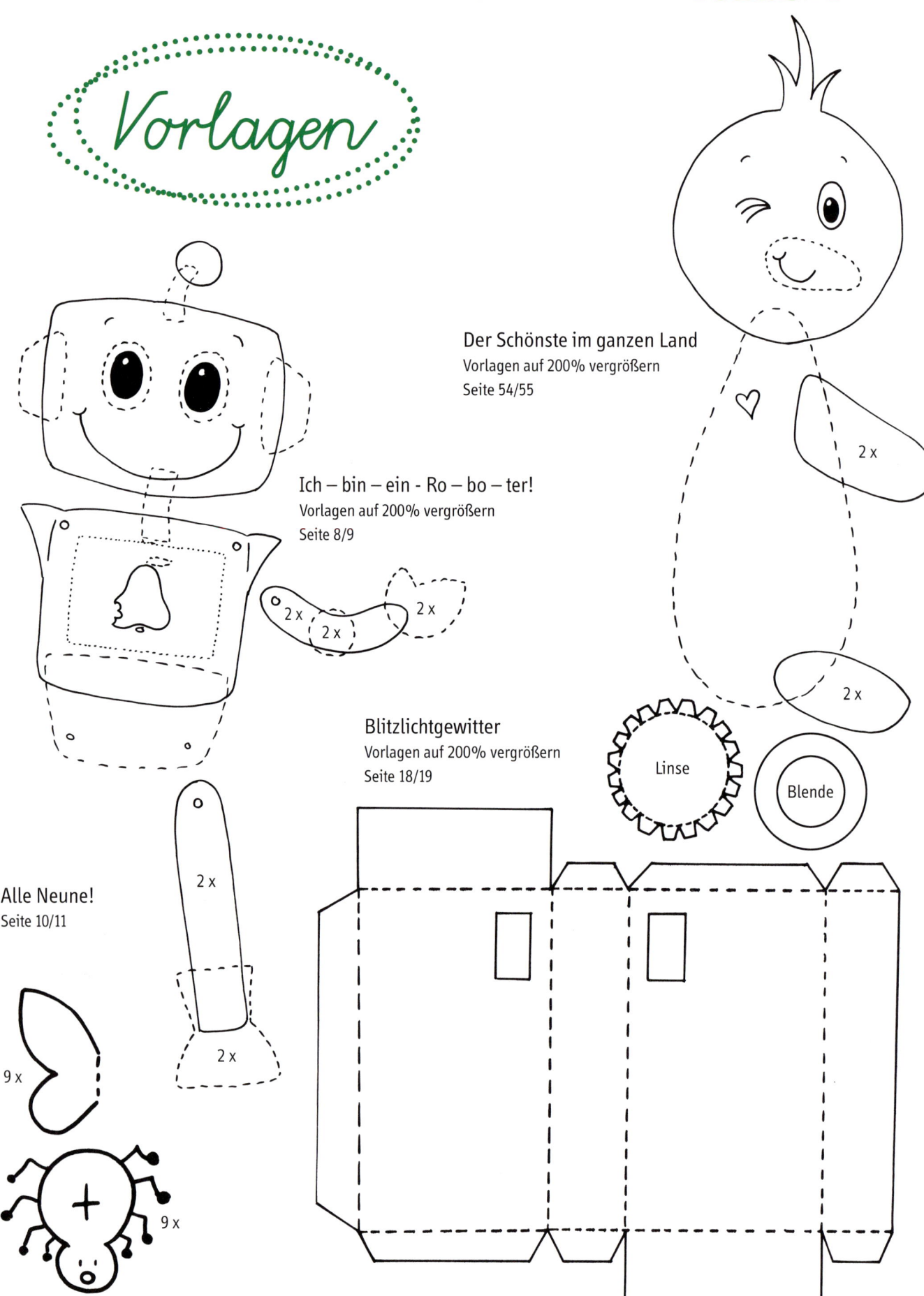

Vorlagen

Der Schönste im ganzen Land
Vorlagen auf 200% vergrößern
Seite 54/55

2 x

Ich – bin – ein - Ro – bo – ter!
Vorlagen auf 200% vergrößern
Seite 8/9

2 x
2 x
2 x

Blitzlichtgewitter
Vorlagen auf 200% vergrößern
Seite 18/19

Linse

Blende

Alle Neune!
Seite 10/11

2 x

2 x

9 x

9 x

Für Ritter, Piraten und Prinzessinnen
Vorlagen auf 250% vergrößern
Seite 14/15

2 x

Bart

Augenklappe

2 x

Deko fürs Märchenzimmer
Seite 94/95

2 x

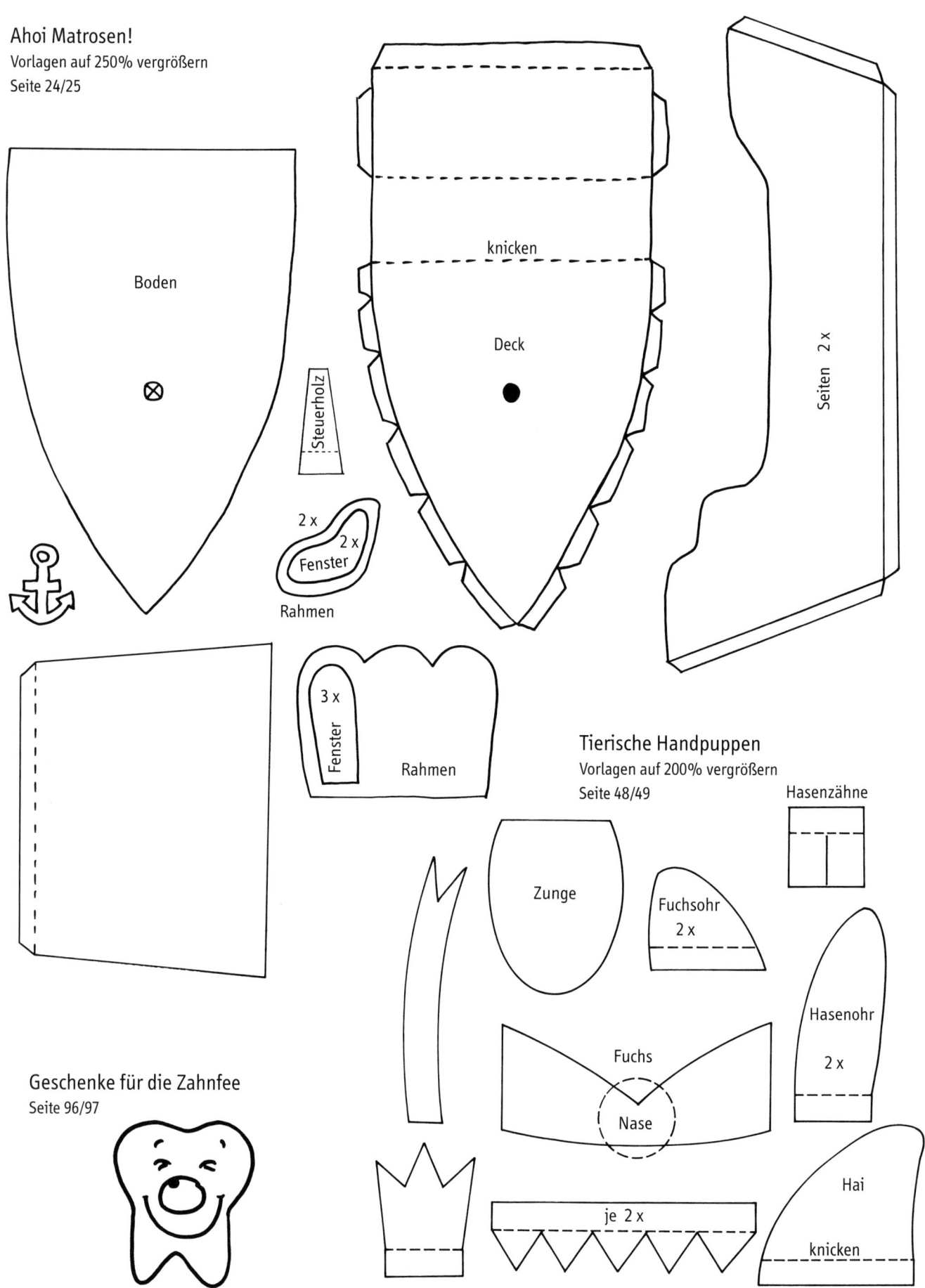

Ahoi Matrosen!
Vorlagen auf 250% vergrößern
Seite 24/25

Boden

Steuerholz

2 x
2 x
Fenster
Rahmen

knicken

Deck

Seiten 2 x

3 x
Fenster
Rahmen

Tierische Handpuppen
Vorlagen auf 200% vergrößern
Seite 48/49

Hasenzähne

Zunge

Fuchsohr
2 x

Hasenohr
2 x

Fuchs

Nase

Geschenke für die Zahnfee
Seite 96/97

je 2 x

Hai

knicken

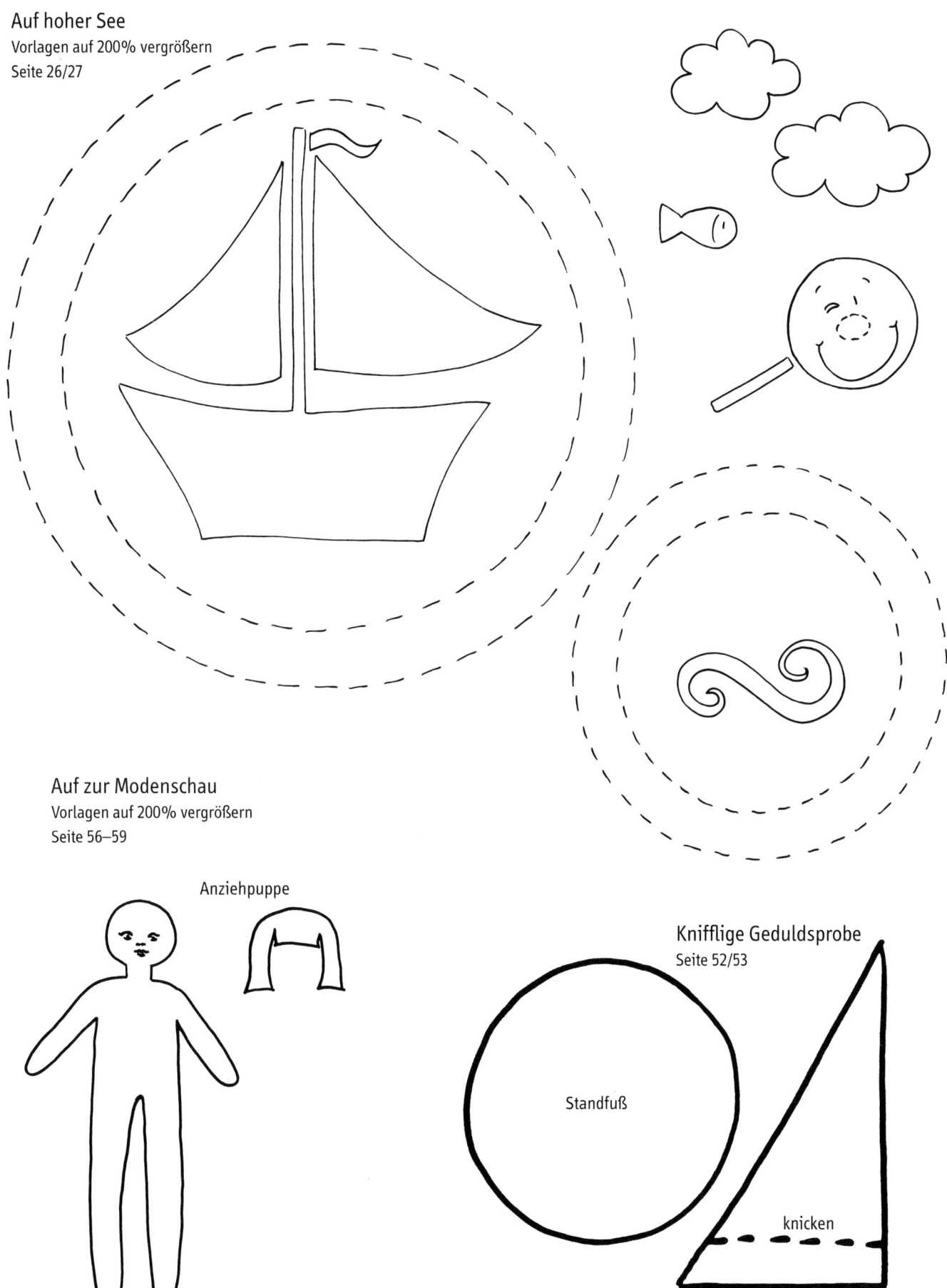

Auf hoher See
Vorlagen auf 200% vergrößern
Seite 26/27

Auf zur Modenschau
Vorlagen auf 200% vergrößern
Seite 56–59

Anziehpuppe

Knifflige Geduldsprobe
Seite 52/53

Standfuß

knicken

Ausritt mit Löwe und Giraffe
Vorlagen auf 250% vergrößern
Seite 32/33

2 x

2 x

2 x

2 x

4 x

Baum–Collage
Vorlagen auf 250%
vergrößern
Seite 21

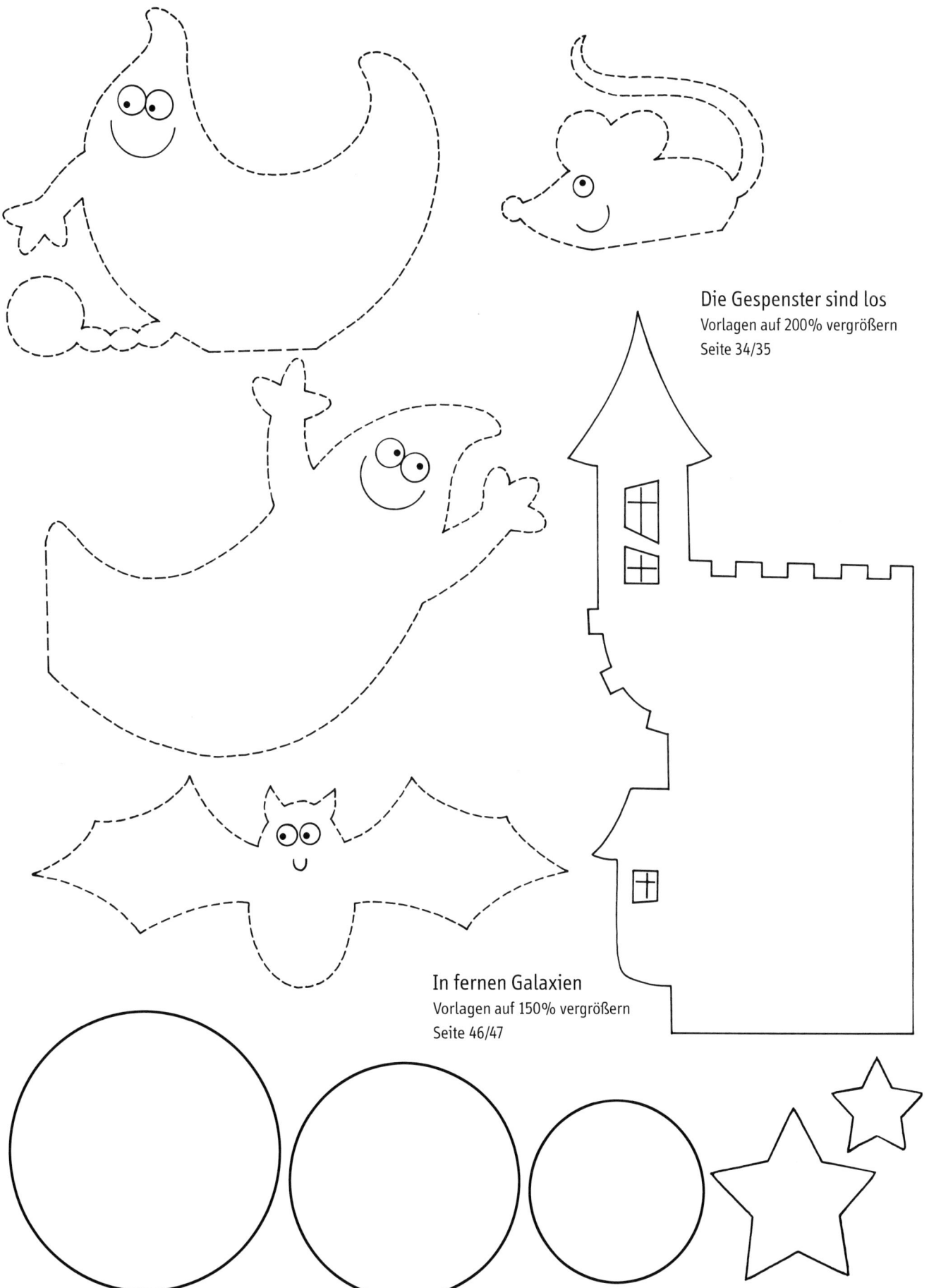

Die Gespenster sind los
Vorlagen auf 200% vergrößern
Seite 34/35

In fernen Galaxien
Vorlagen auf 150% vergrößern
Seite 46/47

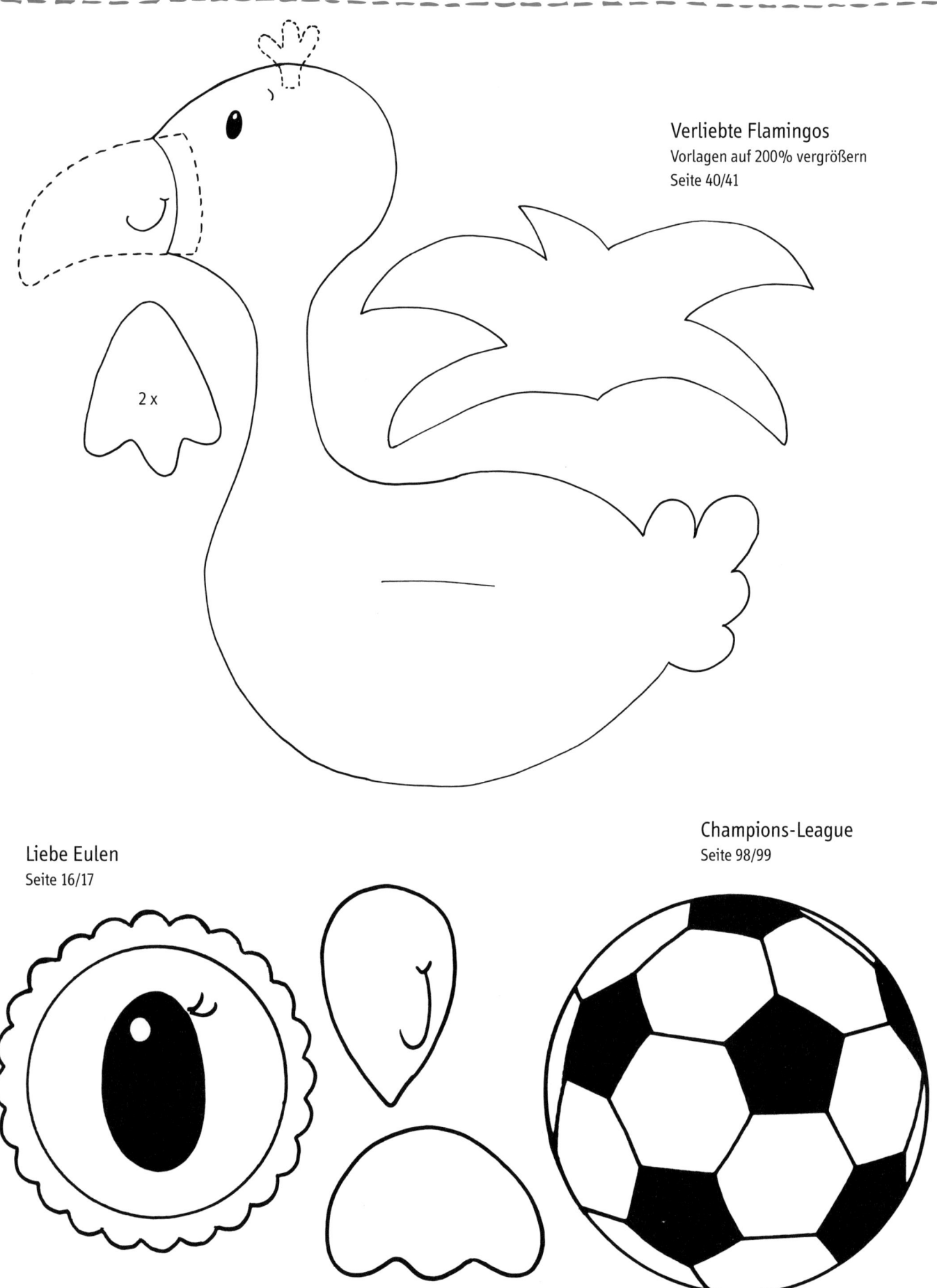

Verliebte Flamingos
Vorlagen auf 200% vergrößern
Seite 40/41

2 x

Liebe Eulen
Seite 16/17

Champions-League
Seite 98/99

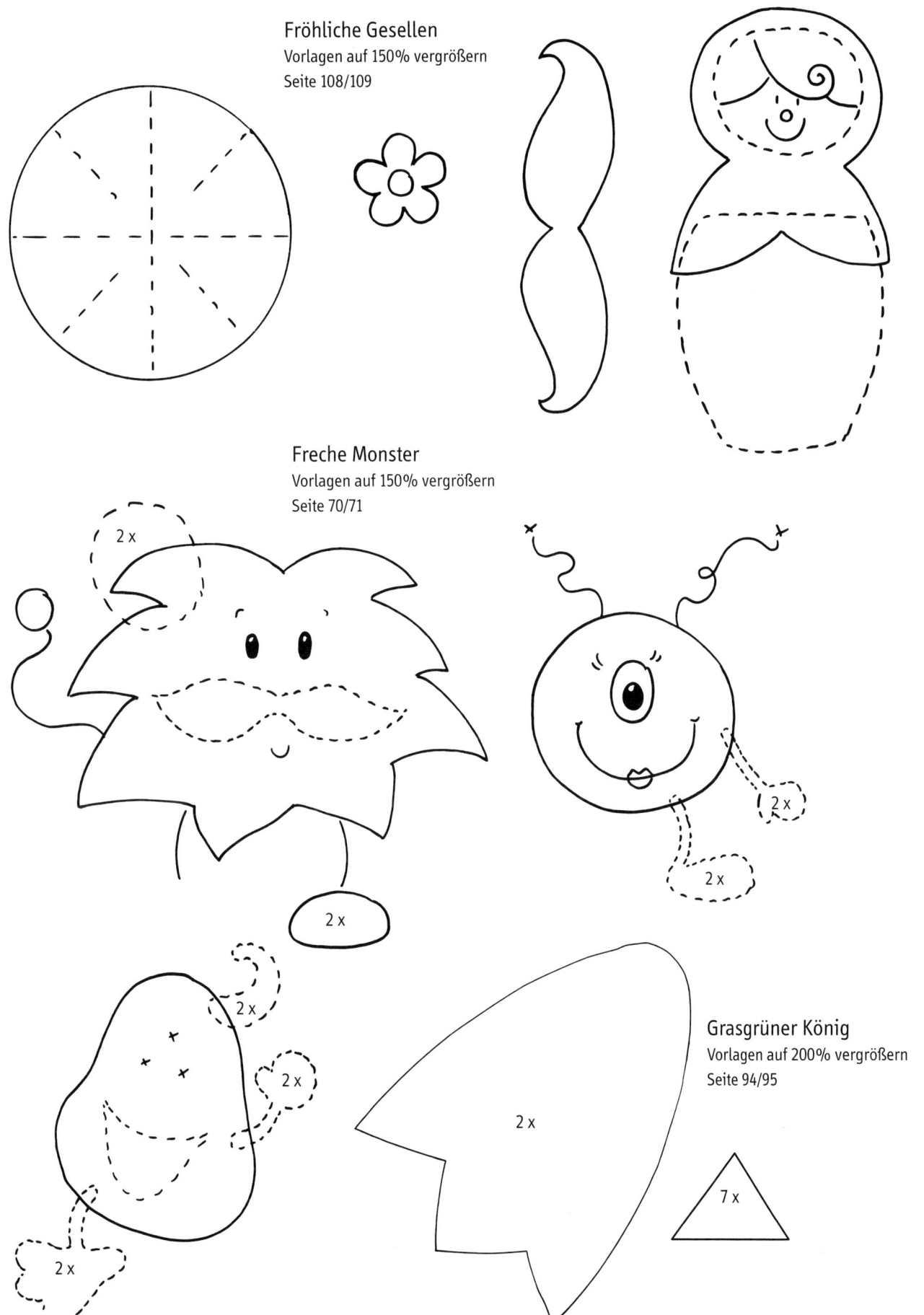

Fröhliche Gesellen
Vorlagen auf 150% vergrößern
Seite 108/109

Freche Monster
Vorlagen auf 150% vergrößern
Seite 70/71

2 x

2 x

2 x

2 x

2 x

2 x

2 x

2 x

Grasgrüner König
Vorlagen auf 200% vergrößern
Seite 94/95

2 x

7 x

Ein monstermäßiger Spaß
Vorlagen auf 200% vergrößern
Seite 30/31

Geschichten aus der Steinzeit
Vorlagen auf 200% vergrößern
Seite 28/29

2 x

2 x

2 x

Herzige Geschenkchen
Seite 118/119

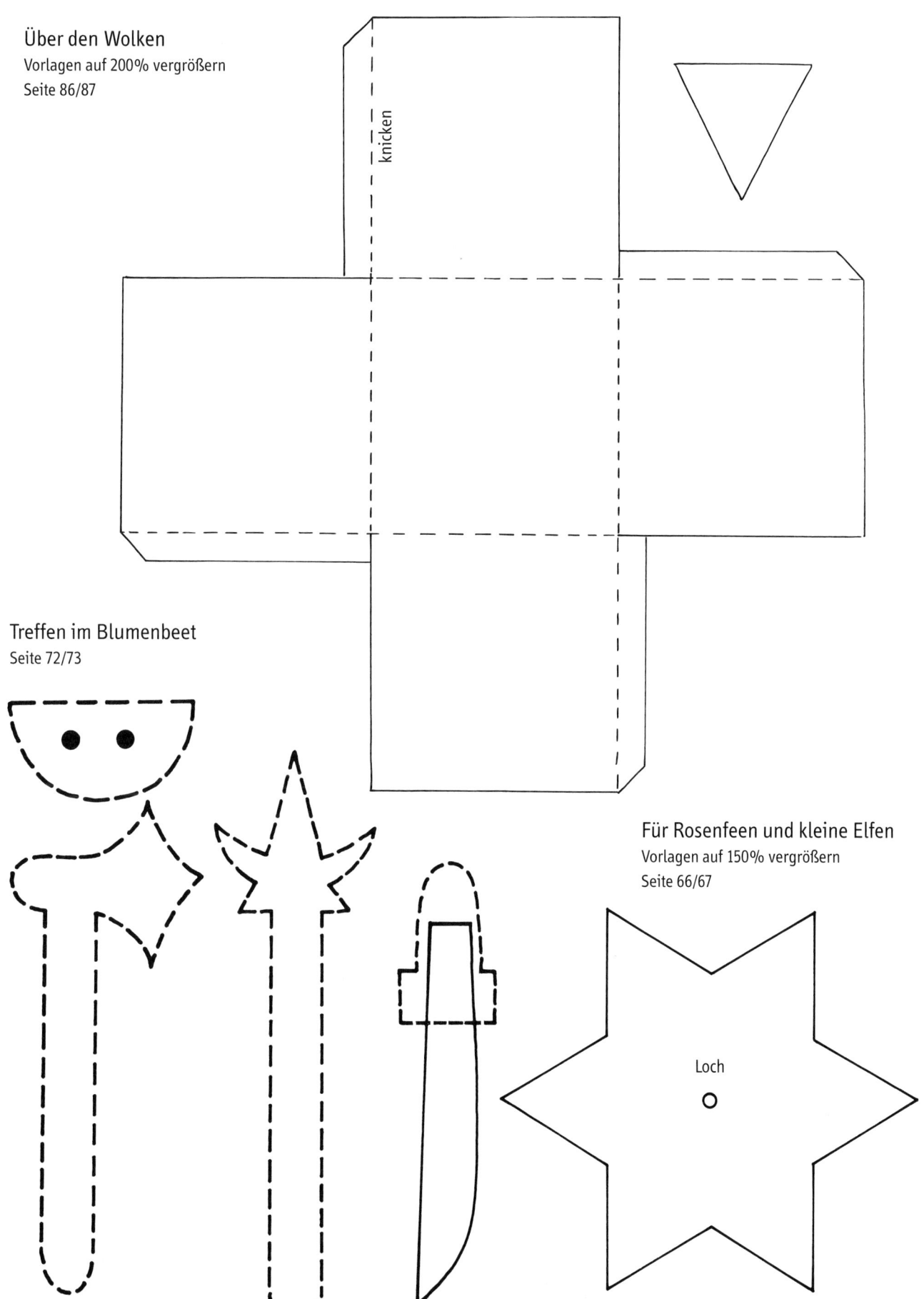

Über den Wolken
Vorlagen auf 200% vergrößern
Seite 86/87

knicken

Treffen im Blumenbeet
Seite 72/73

Für Rosenfeen und kleine Elfen
Vorlagen auf 150% vergrößern
Seite 66/67

Loch

Buchtipps für dich

Du hättest gerne noch mehr Kreativideen?
Dann wirst du in diesen Büchern ganz bestimmt fündig.

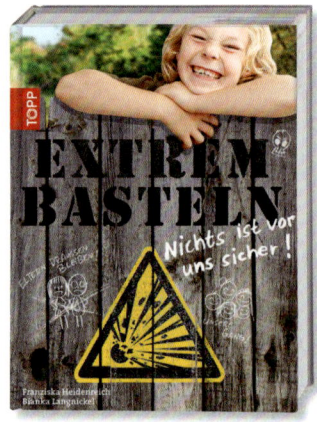

TOPP 5753
ISBN 978-3-7724-5753-1

TOPP 5731
ISBN 978-3-7724-5731-9

TOPP 5782
ISBN 978-3-7724-5782-1

TOPP 5783
ISBN 978-3-7724-5783-8

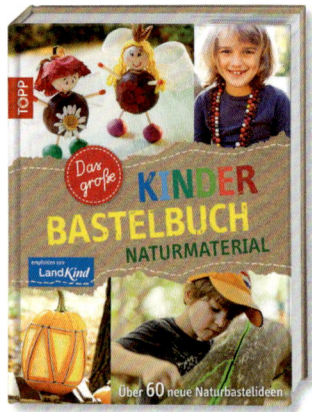

TOPP 5799
ISBN 978-3-7724-5799-9

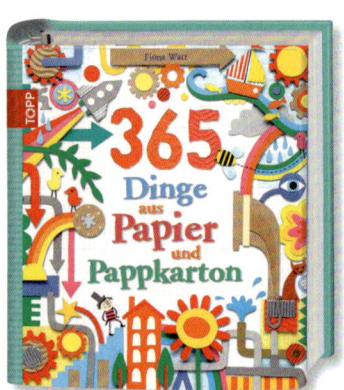

TOPP 5758
ISBN 978-3-7724-5758-6

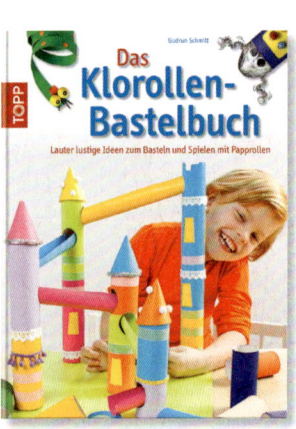

TOPP 5715
ISBN 978-3-7724-5715-9

TOPP 5775
ISBN 978-3-7724-5775-3

TOPP 5672
ISBN 978-3-7724-5672-5

TOPP 5797
ISBN 978-3-7724-5797-5

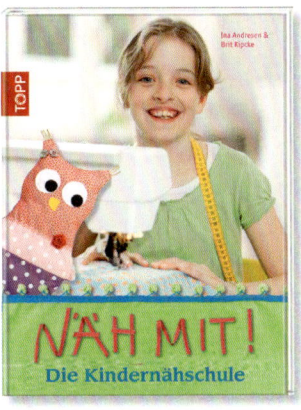

TOPP 5764
ISBN 978-3-7724-5764-7

TOPP 5754
ISBN 978-3-7724-5754-8

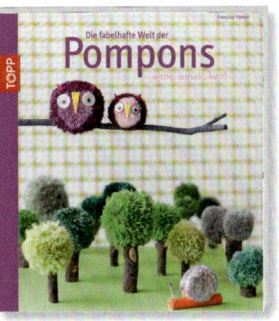

TOPP 5677
ISBN 978-3-7724-5677-0

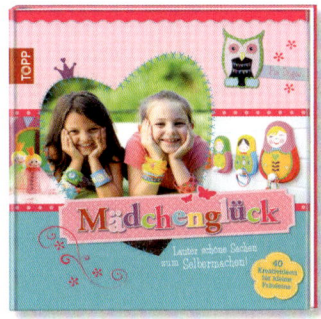

TOPP 5780
ISBN 978-3-7724-5780-7

TOPP 5781
ISBN 978-3-7724-5781-4

TOPP 5676
ISBN 978-3-7724-5676-3

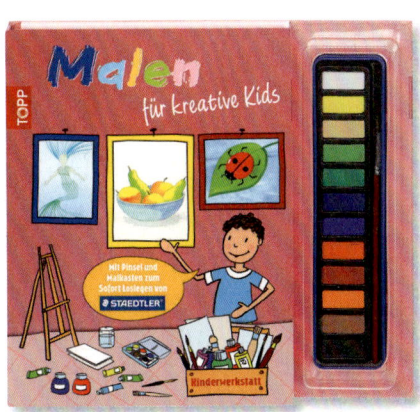

TOPP 5777
ISBN 978-3-7724-5777-7

TOPP 5735
ISBN 978-3-7724-5735-7

Die Autorinnen

Alice Hörnecke ist ständige Besucherin des Basteluniversums. Während ihres Studiums durfte sie drei Jahre im tollsten Bastelladen der Welt arbeiten und erhielt so die Chance, Materialien und Techniken vom Malen bis zum Stricken kennenzulernen. Über ihre Bastelleidenschaft kam sie zum frechverlag, für den sie heute als Autorin und freie Mitarbeiterin tätig ist.

Birgit Kaufmann lebt zusammen mit ihrem Mann und ihrer Tochter Ronja in der Nähe von Regensburg. Von klein auf durfte sie basteln, nähen, sägen und hämmern. Durch ihre Arbeit im Kindergarten kann sie ihre Ideen immer gleich mit Kindern ausprobieren.

Christiane Steffan lebt mit ihrem Mann, Hasen und Hühnern im Odenwald. Sie liebt alles, was knallig bunt und lustig ist und hat schon immer gerne gemalt und gebastelt. Seit 2001 veröffentlicht sie Bastelbücher im frechverlag – am liebsten zu allen Themen rund ums Papier.

DANKE!
Wir bedanken uns bei den Firmen Efco (Rohrbach), Heyda (Heilbronn), Marabu (Tamm) und Rayher (Laupheim) für die freundliche Bereitstellung von Material.

Hilfestellungen zu allen Fragen, die Materialien und Bastelbücher betreffen: Frau Erika Noll berät Sie. Rufen Sie an: 05052/911858*

*normale Telefongebühren

IMPRESSUM
MODELLE UND ARBEITSSCHRITTBILDER: Alice Hörnecke (6/7, 18/19, 24/25, 28/29, 32/33, 38/39, 42–44, 50–53, 56–65, 68/69, 78/79, 88/89, 102/103, 106/107, 110–113, 116/117), Birgit Kaufmann (8–13, 16/17, 20–23, 26/27, 40/41, 45–47, 54/55, 70/71, 86/87, 90–93, 96/97, 100/101, 108/109, 118/119), Christiane Steffan (14/15, 30/31, 34/35, 48/49, 66/67, 72–76, 82–85, 94/95, 98/99, 114/115)
FOTOS: frechverlag GmbH, 70499 Stuttgart; lichtpunkt, Michael Ruder, Stuttgart
PRODUKTMANAGEMENT UND LEKTORAT: Anna Burger und Angela Vornefeld
LAYOUTENTWICKLUNG INHALT: Büro für Gedrucktes, Beate Mössner
UMSETZUNG LAYOUT UND SATZ: Arnold & Domnick, Leipzig
DRUCK UND BINDUNG: APPL, Wemding   PRINTED IN GERMANY

1. Auflage 2014   ISBN 978-3-7724-5678-7
© 2014 frechverlag GmbH, 70499 Stuttgart   Best.-Nr. 5678